Souriez, vous êtes filmés !

Du même auteur

L'immobilier demain (2e éd.), Dunod, 2020.
La Ville pour tous, Éditions de l'Observatoire, 2019.
Quand l'État tue la nation, Plon, 2016.
Aux actes dirigeants !, Fayard/Les Belles Lettres, 2016.
La France est prête. Nous avons déjà changé, Manitoba/Les Belles Lettres, 2014.
Relancer notre industrie par les robots, Du Quesne, 2013.

Robin Rivaton

Souriez, vous êtes filmés !

Plaidoyer pour une surveillance d'État

Éditions de L'Observatoire

ISBN : 979-10-329-1450-2
Dépôt légal : 2021, mai

170 *bis*, boulevard du Montparnasse, 75014 Paris

Introduction

Peut-on disparaître aujourd'hui ? La question tournait dans ma tête l'été dernier. J'avais lu *Society* et je repensais à Xavier Dupont de Ligonnès. À Roquebrune-sur-Argens, une nuit d'avril 2011, il avait disparu après une dernière apparition sur les bandes de la caméra d'un hôtel Formule 1. Suspecté d'avoir assassiné sa femme et leurs quatre enfants, on ne l'a jamais retrouvé. Pourtant sa cavale avait été filmée par les caméras des différents hôtels où il s'était arrêté. Mais les vidéos n'ont été visionnées que quatre jours après. C'était trop tard.

Peut-on disparaître aujourd'hui ? La question tournait donc dans ma tête tandis que je roulais sur l'A6 en direction de Lyon. Je croisai soudain un étrange arbre métallique. Du haut de ses quatre mètres, il toisait les automobilistes tel un gardien dans son mirador. De retour chez moi, j'appris que 1 200 de ses congénères avaient poussé sur le bord des autoroutes françaises et que d'autres suivraient. L'idée, à terme, est d'organiser une rotation entre eux avec un seul radar actif sur cinq, les autres servant alors de leurres. Merci aux bonnets rouges et aux gilets jaunes pour leur destruction des trois quarts des radars installés. Ils ont fourni la meilleure excuse pour supplanter les anciens pachydermes par ces tourelles élancées.

Dans la nacelle de ces nouveaux outils, le radar n'est plus seul : tel un obusier de longue distance, il est lui-même protégé contre les agressions par une caméra mitraillette enregistrant les gestes et les visages des personnes tentées de venir déloger cet extraordinaire rappel de la puissance de l'État. En France, les caméras ont fait des routes leur royaume. À celles liées aux radars, il convient d'ajouter celles installées par les gestionnaires des autoroutes. Elles servent à compter les véhicules, mais peuvent aussi capter votre numéro de plaque minéralogique, qui s'affichera ensuite sur l'écran du portique avec un message vous signalant que votre vitesse est trop élevée.

Je décidai de rencontrer un activiste, ami d'ami, se flattant d'avoir participé à la destruction de deux radars. Ses rodomontades m'avaient longtemps laissé penser qu'il bluffait. Mais poussé par la curiosité, je finis par prendre un café avec lui en Haute-Loire. Il s'avérait que la question de la surveillance n'était qu'accessoire dans ses motivations. Sa colère était dirigée contre l'opération de prélèvement financier que représentaient les radars. Il était convaincu que leur destruction était la façon de frapper l'État là où ça fait mal. S'il avait su que cette destruction allait produire une nouvelle génération invincible, peut-être aurait-il retenu sa masse ! De manière amusante, pour corroborer ses dires, il me montra sur son smartphone une vidéo faite par un de ses amis. La boucle était bouclée. La destruction de la caméra, emblème de la surveillance, enregistrée elle-même grâce à une caméra portative. Il y avait donc l'enregistrement qu'on jugeait insupportable et celui, à l'inverse, qu'on prenait bien soin de conserver.

Je repris la route, et mes recherches. Il y a deux façons de disparaître. La plus simple est de tromper le contrôle grâce à une fausse identité. Vous devenez quelqu'un d'autre. Mais c'est un stratagème à un coup : il faut changer chaque jour, multiplier les identités au risque de finir par être confondu. D'ailleurs, si 5 000 personnes disparaissent chaque année en France, moins d'une dizaine réussit à se soustraire aux yeux de l'État. L'autre façon de disparaître est de se soustraire à la surveillance. Mais cela semble tout simplement impossible. Nous laissons nos empreintes digitales et numériques partout où nous passons.

Mais, en y pensant bien, est-ce seulement une bonne idée de ne pas être surveillé ? On part du principe que la surveillance est négative. Son étymologie a effectivement tendance à se confondre avec un certain absolutisme. Si « surveillance » est un vieux mot français qu'on retrouve dès le XVIe siècle pour désigner l'action de regarder avec attention, c'est avec les comités de surveillance révolutionnaire de la Terreur que le terme a pris son sens moderne, à savoir le fait d'observer quelqu'un pour comprendre son comportement et vérifier s'il ne représente pas un danger pour lui-même ou pour les autres, voire un trouble à l'ordre public. C'est sous cette acception qu'il est passé dans la langue anglaise et s'est imposé au monde. Convenons que la France révolutionnaire ait légué à l'humanité le mot « surveillance » a quelque chose de cocasse.

Je suis favorable à la surveillance. En fouillant les librairies, je crois bien que cette position est iconoclaste et qu'elle a des allures de première. Les rayons sont remplis de livres, et les journaux de tribunes, appelant à sortir de la surveillance de masse. Une surveillance « de masse » qui semble pointer du doigt le caractère collectif de celle-ci. Il y a aussi ce fameux documentaire de Sylvain Louvet, *Tous surveillés. 7 milliards de suspects*, Prix Albert-Londres 2020 de l'audiovisuel, comme si la surveillance ne devait concerner que quelques personnes. Or c'est bien le caractère universel de la surveillance qui protège de l'arbitraire, ou d'une surveillance qui ne serait orientée que vers tel ou tel groupe social, ethnique ou religieux.

Dans cette croisade contre la surveillance, la confusion est totale. Pour beaucoup, la surveillance englobe non seulement l'action de l'État, mais aussi celle d'entreprises privées, notamment du numérique, qui monétisent nos informations personnelles. Le paroxysme de cette vision a sans doute été atteint par Shoshana Zuboff, professeure émérite à l'université de Harvard, dans son ouvrage *The Age of Surveillance Capitalism: the Fight for Human Future at the New Frontier of Power*, paru en janvier 2019. Elle affirme que le capitalisme est arrivé à un nouveau stade de son développement : le capitalisme de surveillance. Ce qui pourrait n'être qu'un abus de langage participe de l'hystérisation du débat. Google, Facebook, Twitter ou Snapchat n'exercent pas une activité de surveillance. Ils tirent leurs revenus de la publicité numérique qu'ils prétendent pouvoir cibler selon le profil de l'individu. En étudiant son comportement passé, ils supposent son comportement futur. Cette prétention semble de plus en plus éventée. En témoignent le réquisitoire d'un ancien du secteur parlant d'une bulle équivalente aux subprimes[1] ainsi que les trois ans d'enquête du régulateur britannique montrant que Cambridge Analytica n'a pas influencé le résultat du référendum sur la sortie du Royaume-Uni de l'Union européenne[2]. Il est donc bon de rappeler que la publicité personnalisée au niveau de l'individu n'existe pas et que la plupart des promesses en la matière relèvent de la publicité mensongère. Elle repose plus simplement sur des groupes de clients répartis en fonction de l'âge, du sexe, des niveaux de revenus, de la localisation, des achats antérieurs, sachant que toutes les données collectées pour établir ces catégories évoluent, se périment et ont un délai de conservation légal. Une fois que vous êtes rangé dans une catégorie, le vendeur d'espaces publicitaires se moque de savoir quelle est votre identité. Vous n'êtes qu'un numéro auquel sont associées des caractéristiques, comme pour d'autres millions de consommateurs. Le suivi des comportements est le plus souvent indépendant de la catégorisation. Il s'agit de savoir si vous êtes allé au bout d'un processus d'achat, de mesurer combien de temps vous êtes resté sur une page, combien de fois vous avez approché votre curseur de ce gros bouton clignotant « Acheter » sans oser franchir le pas. En aucun cas il ne s'agit d'une véritable surveillance, d'une part parce que vous pouvez la désactiver, d'autre part parce qu'aucune sanction ne vous tombera dessus, quel que soit votre comportement. Dans le pire des cas, vous recevrez un coupon de réduction vous incitant à finaliser votre achat. Prenons un exemple. Je souhaite acheter de la marijuana sur Internet. Si mon moteur de recherche n'osera pas me présenter directement de la publicité ciblée pour des stupéfiants – car illégaux en France –, il n'hésitera pas à me renvoyer vers des vaporisateurs, chichas et autres. Mais jamais il ne surveillera mon comportement ni ne me signalera aux autorités.

Au fur et à mesure que nos sociétés se dirigent vers plus de transparence, la notion de surveillance s'étend. Il est des cas où la différence entre mesurer et surveiller peut sembler ténue. La surveillance consiste à identifier un comportement contraire à la norme afin de le sanctionner. Si, dans un environnement de travail, la norme correspond à un certain niveau de productivité et que son non-respect peut entraîner un licenciement, ne pourrait-on considérer qu'il s'agit là d'un exercice de surveillance ? Aussi la pratique du télétravail a-t-elle vu l'émergence d'outils de mesure de la productivité, le dernier en date imaginé par Microsoft qui, en fonction du nombre de courriels traités ou de mémos rédigés, attribue à ses collaborateurs une note sur 800. Dans la diatribe de ceux pour qui tout est surveillance, on peut aussi lire que, lorsque Uber bloque les comptes de leurs clients pour mauvaises notes au même titre que leurs chauffeurs, l'entreprise se livrerait à un exercice de surveillance[3]. Mais c'est oublier que ce n'est pas l'entreprise qui surveille, ce sont les chauffeurs qui notent l'interaction qu'ils ont eue avec leurs passagers. À ce jeu-là, toute interaction sociale implique son rapport de surveillance. D'ailleurs, se surveiller soi-même, que ce soit son langage, ses manières ou sa ligne, c'est faire attention à sa manière d'être en société face au regard des autres. La civilisation des mœurs ne serait alors rien d'autre qu'une gigantesque opération de surveillance… Or, cet ensemble de mécanismes qui permet à une société de maintenir une relative cohésion en favorisant le respect des normes communes est nommé « contrôle social » et non « surveillance ».

Il s'est produit un séquencement entre la « société disciplinaire » mise en évidence par Michel Foucault[4] et une « société de contrôle » décrite par les philosophes politiques postmodernes, Gilles Deleuze, Antonio Negri et Michael Hardt un quart de siècle plus tard[5]. Entre les deux, la vie autrefois rythmée par des lieux emblématiques comme l'usine, l'école ou la caserne, au sein desquels était exercée une surveillance descendante et centralisée, a explosé en des vies plus ouvertes et plus fluides, mais où la puissance régulatrice de la société n'a pas été moindre. Michel Foucault avait en réalité commencé à dessiner l'existence d'une forme désinstitutionnalisée, plus souple, mais aussi plus prégnante. Le pouvoir n'est désormais plus exercé depuis un point fixe omniscient, comme dans la prison panoptique de Bentham où, depuis leur passerelle, les gardiens pouvaient embrasser du regard tout le pénitencier. Non, le pouvoir est désormais constitué par des réseaux de miroirs qui réfléchissent les comportements de chacun à tous. C'est un panoptisme horizontal, « omnioptique[6] », où tout le monde se note et se contrôle. Si le passage de la société disciplinaire à une société auto-disciplinaire était discernable dans les années 1970 à 1990, il est éclatant de vérité à l'heure de la *cancel culture*, des dénonciations collectives, de l'autocensure qui guide désormais nos pas sur les réseaux pour éviter les foudres du politiquement correct. Pour autant, cette activité n'appartient pas au registre de la surveillance. Le contrôle est par nature ponctuel, limité dans le temps, alors que la surveillance ne s'arrête jamais, sa fiabilité reposant justement sur sa permanence. Que se passerait-il si toutes les caméras s'arrêtaient un même jour de l'année ? À la manière du film *American Nightmare*, tous les crimes se dérouleraient à ce moment-là. La surveillance doit donc être permanente, sinon elle n'est pas. En outre, il est toujours possible de refuser le contrôle dans la société du contrôle : la plupart des reflets qui nous sont renvoyés sont le fruit d'une volonté de se poser face à un miroir. À l'inverse, la surveillance ne relève pas d'un choix.

Je suis favorable à la surveillance. Celle qui permet de s'assurer que les comportements respectent l'ordre public. Celle qui ne se cache pas derrière les mots. Nul besoin que la vidéosurveillance se travestisse en vidéoprotection. La protection est assurée par les forces de l'ordre, parfois les citoyens eux-mêmes, demain peut-être des machines. Elle est l'action de soustraire quelqu'un ou quelque chose à un danger, à un risque qui pourrait lui nuire. Elle suppose une interaction physique avec l'environnement. La surveillance n'est pas la protection. Elle garantit la vitesse de réponse de la protection, mais ne s'y substitue pas. La surveillance est aussi ancienne que les États. Jusqu'à très récemment, parce qu'elle reposait sur des êtres humains, elle était aléatoire. Une patrouille de police circulait dans les rues et tentait de surprendre le flagrant délit. Une fois un comportement suspect repéré, on procédait au contrôle de l'identité – attribuée au préalable à tous les individus – et de certaines possessions – voiture, arme à feu, ou autres. Des enquêtes pouvaient certes être lancées, mais leur coût élevé les réservait aux crimes les plus graves. Et puis elles reposaient sur la mémoire des témoins, rapidement périssable et parfois traîtresse. L'enregistrement vidéo a permis de suppléer la mémoire humaine. Il permet aujourd'hui de rendre immédiates surveillance et identification. On peut observer et connaître. C'est cette fusion des deux opérations qui crée la possibilité de faire des analyses prédictives plus abouties, en croisant le profil d'une personne et son comportement, mais avec le risque de biais. Le dernier élément de la chaîne de répression est la sanction. Et celle-ci aussi peut être inscrite en temps réel. En outre, la sanction devient personnalisable en fonction du comportement passé de l'individu, de ses antécédents, aboutissant à une classification de la dangerosité pour la société. Cette délégation de pouvoir à un ordinateur semble effrayante. C'est pourtant celle que nous avons déjà acceptée avec la vidéosurveillance urbaine et routière. La lecture automatique des plaques d'immatriculation permet d'effectuer la vidéoverbalisation en cas de stationnement illégal, d'utilisation de voies réservés, de non-respect des feux de circulation, d'excès de vitesse, d'excès sonores, d'usage du téléphone au volant, d'absence du port de la ceinture, etc. La surveillance, le contrôle et la sanction sont réalisés en même temps, la contestation ne pouvant intervenir qu'après. Cette révolution de la surveillance d'État inquiète. Elle est pleine de chausse-trappes, de biais qui peuvent rendre nos sociétés encore plus inégalitaires, de tentations de réduire nos libertés qui peuvent nous faire verser dans l'autoritarisme, mais elle est aussi pleine de promesses pour assurer que la vie collective se déroule de façon harmonieuse, que la vie soit préservée, que la densité urbaine soit mieux acceptée. Je suis de ceux qui pensent que l'État a un rôle immense à jouer dans les prochaines décennies. Pour regagner en légitimité, il devra gagner en efficacité. Dans *L'État tue la nation* (2016), mon ambition a été de prouver qu'un État inefficace menaçait l'harmonie de la société. Or l'État a perdu l'usage du monopole de la violence légitime. Il ne peut plus frapper les corps, mais il peut encore frapper les esprits et les porte-monnaie. La surveillance de masse à un rôle à jouer dans cette transition.

Je suis pour la surveillance, et je ne suis pas le seul. Elle recueille l'assentiment constant d'une immense majorité de la population, loin des prises positions effarouchées de quelques intellectuels en mal de polémique. Ils sont bien quelques rétrogrades à vouloir en faire un fétiche de leur combat anti-progrès, la rangeant aux côtés des OGM, 5G ou vaccins, parfois la mélangeant allégrement dans un grand délire complotiste. Mais que peuvent-ils faire contre la surveillance moderne – et notamment contre la reconnaissance faciale –, qui est immatérielle ? Elle ne s'embarrasse plus d'infrastructure lourde, ne se fauche pas, n'est pas saisie aux frontières, ne se refuse pas. C'est dans cette perspective que ce livre multiplie les références aux pays étrangers, en Amérique du Nord, en Asie, en Europe. Il s'agit de questionner notre rapport à ces technologies, mais en ayant les idées claires sur ce qui se passe ailleurs. Il s'agit de comprendre les progrès formidables de la vision par ordinateur, une technologie extrêmement jeune, mais aux conséquences fondamentales pour nos sociétés. La qualité des images captées croît de manière exponentielle, et ce n'est qu'un début, mais la capacité des machines à les décrypter s'améliore plus rapidement encore.

Je suis d'autant plus favorable à la surveillance que l'État est proche de perdre le monopole de la surveillance légitime. La société de contrôle va bientôt laisser place à la société de « sousveillance », pour reprendre le terme forgé par Steve Mann en 2004. Le passage de la société de contrôle de Gilles Deleuze à cette société de « sousveillance » a été anticipé par David Brin dans *La Société transparente* en 1997, thèse qu'il a ensuite filée dans plusieurs de ses ouvrages de science-fiction. La « sousveillance » est une surveillance inversée. Elle vient du dessous, à l'inverse de la surveillance publique qui, à travers les miradors, les mâts ou les drones, nous domine. La surveillance embrasse donc une double réalité : une surveillance physiquement décentralisée à l'échelle de l'individu, de sa voiture, de sa maison, mais aussi une surveillance désinstitutionnalisée qui réarme le peuple dans ses rapports avec des institutions – police, entreprises, médias, etc. –, et même avec des groupes non institutionnels tels que des criminels. Cette « sousveillance », imaginée depuis de longues années et qui semblait du domaine du fantasme, est sur le point de se réaliser. « Sur le point de » n'est pas une manière de parler. Il est toujours risqué de donner en pâture des chiffres dont les lecteurs feront des gorges chaudes dans quelques années. Je suis toutefois prêt à prendre le risque d'affirmer que nous sommes à cinq, dix ans de la généralisation de cette société. Elle a déjà commencé. Quand on parle de surveillance, on pense immédiatement à la puissance publique (pouvoir central, collectivités territoriales, ou sociétés de transports publics). Mais il faut aussi inclure les caméras installées par des entreprises. En 2020, on estimait qu'elles étaient au nombre de 770 millions, et que le milliard sera franchi en 2021[7]. Elles ne sont cependant que la partie émergée d'un phénomène beaucoup plus profond. Il y a dans le monde près de 40 milliards de caméras en activité. Des caméras de plus en plus sophistiquées sont intégrées dans tous les produits du quotidien. Et l'écart entre l'équipement de l'État et celui de la société civile ne fait que se creuser. Dans cette course à l'armement, l'État ne peut lui-même se mettre sur la touche en refusant les nouvelles technologies. S'il le fait, il sera en position de faiblesse face aux acteurs privés qui occuperont ce vide. Il sera aussi en position de faiblesse par rapport aux autres États, car moins efficace dans la gestion administrative et le respect de l'ordre public, et sera progressivement discrédité. Il sera en position de faiblesse par rapport à ses propres citoyens, qui utiliseront eux-mêmes ces technologies sans cadre ou illégalement. Et un populisme technologique émergera.

> « En plus des caméras publiques accrochées à chaque lampadaire ou coin d'immeubles, le gouvernement avait accès aux lunettes de tous les piétons. [...] L'omniprésence devenait réalité au fur et à mesure que les caméras se multipliaient comme des nuées d'insectes. Une telle capacité de surveillance avait transformé les métiers de l'information, car mentir relevait désormais de la gageure. La prochaine génération ne se posera même plus la question. Mais à vingt-huit ans, Tor se rappelait l'époque des images trafiquées, des fausses perspectives qui forgeaient des alibis ou créaient des événements de toutes pièces. Autant de ruses rendues presque impossibles par la théorie moderne des témoins multiples : voilà ce qu'affirmait le dernier truisme en date. Tor se méfiait de ces belles déclarations. Les optimistes disent toujours que plus d'info nous rendra plus sages, prêts à accepter la réalité des faits. Mais pour l'instant, ça nourrit surtout la colère et l'indignation. [...] Un vendeur tapota ses lunettes et se fendit d'une révérence. — Bon voyage, mademoiselle Tor, dit-il avec un gros accent yéménite. Il devait avoir scanné son visage, trouvé son nom sur la liste des passagers du Santos-Dumont, puis découvert sa modeste renommée locale. »

Cet extrait du livre *Existence* de David Brin appartenait à la science-fiction quand il a été publié en 2012. Il relève de l'anticipation aujourd'hui. Ce sera notre quotidien dans dix ans.

Partie 1

Les formidables progrès des technologies de la vision

La vue est notre sens le plus sollicité

On peut suivre quelqu'un grâce à l'historique de sa carte de crédit, mais rien ne garantit l'identité véritable de la personne qui l'utilise. On peut traquer quelqu'un à l'aide de son smartphone, mais son comportement exact ne peut être connu que par les expressions de son visage, par ses mouvements. Ainsi, la surveillance la plus étroite s'opère par la vision. La vue domine les autres sens, notamment l'ouïe et le toucher, car elle affecte la manière dont des stimuli auditifs ou tactiles sont traités, ce que ne vaut pas pour l'ouïe et le toucher mis en présence de stimuli visuels. Ne dit-on pas, depuis le Moyen Âge, que quelque chose « crève les yeux » quand il est manifeste ? Cette évidence ne se retrouve pas pour les autres sens qui, au contraire, relèvent de l'intuition, du possible bien plus que de la certitude. Le fameux effet Colavita, du nom d'une expérience menée par le scientifique du même nom en 1974, montre que lorsque des stimuli visuel et auditif sont présentés simultanément, les participants montrent une forte tendance à répondre au premier. Plus encore, les participants déclarent souvent ne pas avoir du tout perçu le stimulus auditif.

Cette donnée biologique peut être complétée. La hiérarchie des sens telle que proposée n'aurait rien d'universel. Elle semblerait plutôt le fruit d'une culture particulière qui aurait créé un biais initial en faveur de la vision qui se renforcerait par les avancées technologiques dans ce domaine. La vision est notamment le sens idéal de la distance. Elle autorise la distance par rapport au stimulus, la lumière voyageant plus vite et plus loin que le son ou l'odeur, mais elle peut même s'améliorer avec la distance, car la meilleure vue d'un objet n'est en aucun cas la plus proche. « La vie moderne se déroule à l'écran. [...] L'expérience humaine est maintenant plus visuelle et visualisée que jamais, de l'image satellite aux images médicales de l'intérieur du corps humain. [...] Dans ce tourbillon d'images, voir est bien plus que croire[1]. » La multinationale Cisco estime que la vidéo représentera 80 % du trafic internet mobile d'ici à 2022, preuve de la domination de ce mode de transmission de l'information. Le sous-titrage, qui permet de regarder les vidéos sans le son – dont des médias comme Brut sont devenus les champions du fait de la facilité de diffuser des contenus dans de nombreux pays –, va dans ce sens d'un renforcement croissant de l'appareil visuel. Même l'expérience gustative est de plus en plus soumise au diktat de la vision. La critique gastronomique a basculé dans le monde de l'image. Elle a poussé les restaurateurs à accorder une attention croissante à l'agencement visuel de leurs assiettes, voire à préparer la nourriture selon le meilleur rendu sur les réseaux sociaux[2].

Dans cet univers du primat de la vision, la vidéo est encore plus importante. Les caméras ne mentent pas, contrairement à notre cerveau. Ce que nous pensons voir n'est parfois pas ce que nous voyons. La vue est un sens très consommateur de ressources, si bien que le cerveau filtre l'information qu'il reçoit des yeux. Les points lumineux reçus par la rétine sont transformés en formes de plus en plus complexes, en lignes, puis en objets et, finalement, en scènes. Mais l'interprétation de scènes complexes est lente. Aussi le cerveau a-t-il recours à des schémas d'influences. Autrement dit, notre expérience et nos souvenirs sont mis à contribution pour anticiper et interpréter ce qui est devant nous. Cela est d'autant plus essentiel que la majeure partie de notre vision est faite de manière dégradée. Seule une partie des cellules de la rétine, celles situées dans l'axe de la vision, dans une zone appelée la fovéa, sont sensibles aux couleurs. Si l'on comparait notre œil à une caméra, plus de 90 % de l'image serait capturée en noir et blanc, et floue. Pour compenser, nous réalisons en permanence des saccades oculaires. Elles nous permettent de repérer les éléments importants d'une scène, notre cerveau arrivant à transformer ce film saccadé en une image stable, nette et en couleur, répartie sur l'ensemble du champ visuel. Pour cela, il efface ou recrée des images de transition entre deux points de fixation. La caméra est un bien meilleur capteur du réel : elle n'invente rien entre deux images. Elle filme tout.

L'invasion des caméras dans l'espace public

Il y a un peu plus de cinquante ans, en septembre 1968, au cœur d'une année de révolutions politiques, la petite ville d'Olean a été la première ville des États-Unis à installer des caméras vidéo le long de sa rue commerçante afin de lutter contre la criminalité. Cinq ans plus tard, les caméras débarquaient sur Times Square à New York.

Le système en boucle fermée se compose de plusieurs caméras capturant et transmettant les images à un moniteur. On appelle ce système CCTV (*closed-circuit television*). La visualisation pouvant se faire en temps réel ou plus tard, on distingue la vidéoprotection, qui consiste à enregistrer ce qui s'est passé pour pouvoir ensuite retracer une chaîne d'événements, de la vidéosurveillance, qui se traduit par un visionnage en temps réel. Ces premières caméras CCTV étaient des appareils analogiques basse résolution qui enregistraient sur bandes. Les zones couvertes étaient extrêmement réduites et il n'y avait aucune possibilité de suivre des individus. À la fin des années 1990, la vidéosurveillance est entrée dans l'ère moderne. Une société appelée Axis Communications a inventé la première caméra de surveillance connectée à Internet, convertissant les images en données numériques. Des systèmes de gestion vidéo ont été mis au point permettant d'organiser les informations vidéo dans des bases de données. Depuis, des millions de caméras de surveillance ont conquis l'espace public dans tous les pays du monde. La diffusion de cette technologie en Europe continentale a été telle que le terme de « consensus de surveillance » a été forgé en 1985 pour décrire cette propagation. La vidéosurveillance dans l'espace public concentre toutes les attentions. Elle nous semble la plus révoltante, car nous ne pouvons éviter de nous rendre dans l'espace public. Elle est aussi la plus insidieuse, car comment savoir qu'une caméra est en train de nous filmer sur la place d'une grande ville ?

En France, 70 003 caméras filment la voie publique (trottoirs, axes routiers, devantures de bâtiments) ; ce sont les plus connues et les plus visibles. Elles sont officiellement désignées par le terme de « vidéoprotection » depuis la loi d'orientation et de programmation pour la performance de la sécurité intérieure du 14 mars 2011 (LOPPSI 2). Selon un classement réalisé dans les cinquante villes les plus peuplées de France par *La Gazette des communes*, le nombre de caméras de vidéosurveillance de la voie publique est passé de 4 800 à plus de 11 400 en six ans. Le réseau francilien de transports en compte près de 50 000 dans les gares, les métros et les RER. Les bus de la RATP sont tous équipés de 4 à 6 caméras de surveillance. Si les métros et les RER sont dotés d'un système permettant une consultation en temps réel des images et un enregistrement en continu, dans les bus en revanche l'enregistrement est à la main du chauffeur. Trente minutes sont alors enregistrées, les quinze minutes qui ont précédé et les quinze minutes qui ont suivi le déclenchement de l'alarme.

Quand on parle de surveillance, on pense immédiatement à la Chine. Mais la statistique par État est trompeuse, tant la surveillance est réservée aux espaces les plus denses. Le classement 2020 Comparitech des villes les plus surveillées au monde rend en effet un hommage appuyé à la République populaire qui place dix-huit villes parmi les vingt premières, le record étant détenu par Taiyuan, une ville moyenne à vocation industrielle de quatre millions d'habitants dans le nord de la Chine, avec 120 caméras pour 100 000 habitants. Il s'agit de caméras de vidéosurveillance installées sur les bâtiments publics à destination des forces de l'ordre, et de caméras placées dans les transports publics. La Chine a décidé d'équiper ses grandes villes de caméras et ne s'en cache pas. Il faut déambuler dans les rues de Pékin, et pas uniquement les lieux les plus fréquentés comme la place Tian'anmen, pour voir les caméras perchées sur un feu de circulation ou sur un bâtiment de moyenne hauteur. Des rondes, des carrées, des rotatives, camouflées le long de la Cité interdite ou bien visibles, accompagnées d'un panneau signalétique, vous les verrez toujours par grappes, capables d'embrasser de leur objectif l'intégralité du paysage. Moscou n'est pas loin de ce top 10. Vous les avez peut-être vues dans la série télévisée *Le Bureau des légendes*, surveillant en permanence un agent – alias « Malotru » – transfuge. C'est très proche de la réalité. Lorsque vous vous y promenez, vous vous amusez à les repérer, surplombant les parcs et les squares, vous esquissez une grimace téméraire devant celle du métro, puis vous vous lassez. 170 000 caméras ont été déployées dans la capitale russe en à peine une décennie, au nom de l'ordre public, pour un investissement de 50 millions de dollars. 100 000 d'entre elles sont déjà reliées à des systèmes de reconnaissance faciale et le reste devrait suivre prochainement.

Mais si vous n'en attendiez pas moins des régimes chinois ou russe, il vous surprendra peut-être d'apprendre que votre dernier séjour à Londres n'a pas manqué d'être enregistré. La métropole britannique est sur le podium des villes les plus surveillées avec 68 caméras pour 1 000 habitants. Un habitant de la ville est enregistré sur une caméra de surveillance en moyenne plus de 300 fois par jour. Le Royaume-Uni tout entier est truffé de caméras. La culture de la surveillance s'enracine dans la longue lutte intérieure contre l'Armée républicaine irlandaise (IRA) et dans la vague d'attentat islamistes liée aux différents engagements militaires à l'étranger, notamment en Afghanistan et en Irak. « L'anneau d'acier de Londres » est un réseau de milliers de caméras, de barrières routières et de cordons, mis en place dans les années 1990, qui force les conducteurs à ralentir pour être enregistrés.

Les Britanniques ne sont pas seuls. Au nombre de caméras par habitant, les États-Unis font jeu égal avec la Chine, avec, respectivement, une caméra pour 4,6 et une pour 4,1 personnes. Contrairement à la Chine, la surveillance publique aux États-Unis ne représente qu'une petite partie de la demande de caméras de sécurité, à peine 225 000 sur plus de 75 millions de caméras en 2018. Même si 87 % des services de police dans les grandes villes ont recours à la vidéosurveillance[3], la majorité des caméras sont placées dans les magasins, les écoles ou les bureaux.

La surveillance des espaces recevant du public avance en effet au diapason de la surveillance de l'espace public. Les premiers essais dans les banques et les boutiques remontent aux années 1960. Cette surveillance privée est aujourd'hui la plus diffusée dans les pays occidentaux. Selon les décomptes de l'entreprise de sécurité informatique Precise Security, la France ne compte pas moins de 1,65 million d'installations en service dont plus de 90 % se trouveraient dans des bâtiments recevant du public (commerces, hôtels, bureaux). Cela représenterait une hausse de 75 % par rapport aux derniers chiffres officiels communiqués en 2012 par la Commission nationale de l'informatique et des libertés (CNIL), le régulateur garant de la protection des données, hausse cohérente avec celle observée dans les autres pays occidentaux[4]. Et encore faudrait-il qu'elles soient toutes déclarées. Mon revendeur d'électronique et Relais colis dans le Xe arrondissement de Paris a quatre caméras qui retransmettent ingénument sur un grand écran, visible par tous, l'intérieur du magasin. Mais après vérification, elles ne sont pas déclarées. Quand vous vous plongez dans l'étude des caméras, vous commencez à regarder autour de vous et à en voir partout. À peine avais-je commencé l'écriture de cet ouvrage qu'un soir, dans un bar, je me suis retrouvé avec des amis pile sous la caméra de surveillance. Étant juste en dessous, nous étions épargnés, hors de son champ de vision. En partant, j'interrogeai le propriétaire sur la raison de son installation, récente me semblait-il, puisque c'était la première fois que je la remarquais. Sa réponse fut limpide : « Une telle caméra m'a coûté moins de cent euros. Il suffit qu'elle empêche un mauvais payeur ou une bagarre et je l'aurai rentabilisée. » Les ventes cumulées (matériel et logiciels) des fabricants, concepteurs, distributeurs, intégrateurs et distributeurs de vidéosurveillance ont franchi la barre du milliard et demi d'euros en 2019, soit un doublement du marché depuis 2005[5]. Comme un symbole, les grandes entreprises sont devenues le premier segment de clientèle devant les collectivités publiques. Ce sont surtout les sites sensibles appartenant à l'industrie chimique ou dédiés à la production d'énergie, les laboratoires de recherche, les infrastructures de transport, les centres de données (*data centers*) et les centres logistiques qui s'équipent. Les établissements hospitaliers et scolaires, confrontés à une augmentation des vols et des violences, sont aussi de plus en plus intéressés par la vidéosurveillance. En cela, ils prennent le relais des bâtiments publics tels que musées, bibliothèques ou mairies – qui avaient tiré la demande après les attentats de 2015-2016 –, et des banques et grandes enseignes de distribution – qui sont équipées à 100 % depuis de nombreuses années déjà.

Et encore, la réglementation est chez nous très stricte. L'installation de caméras doit être justifiée par un objectif de sécurité des biens et des personnes en visant à faciliter l'identification d'auteurs de délits ou de dégradations. En aucun cas elles ne peuvent être utilisées comme des moyens de contrôle du travail des salariés. Les images collectées ne peuvent pas être conservées au-delà d'un mois. Chaque dispositif de vidéosurveillance doit faire l'objet d'une déclaration : auprès de la CNIL s'il s'agit d'un lieu non ouvert au public, auprès de la préfecture s'il s'agit d'un lieu ouvert au public. Chaque personne filmée ou susceptible de l'être doit être informée de l'existence des caméras.

De nombreux pays sont plus souples sur les conditions de surveillance et la conservation des données. Aux États-Unis il n'y a aucune attente d'une protection légale pour tout ce qui se déroule hors de l'espace privé. Le Quatrième amendement protège le domicile et quelques espaces publics comme les cabines téléphoniques. Mais partout ailleurs – les rues, les commerces, les écoles –, la surveillance est attendue. Au total, avec 2,5 caméras pour 100 habitants, la France est loin derrière les autres pays européens, que ce soit le très démocratique Royaume-Uni avec 7,5 caméras, l'Allemagne si sourcilleuse du respect des libertés publiques avec 6,3, et même les Pays-Bas, présentés comme des champions libéraux, avec 5,8. Et en dehors de l'Europe, même l'émergent Vietnam, avec ses 2,6 millions de caméras, nous dépasse.

Des caméras toujours plus puissantes

Le nombre de caméras ne reflète qu'une faible partie de l'évolution de ces technologies. Vous n'avez pu échapper à cette scène, présente dans de multiples séries policières, où un enquêteur, scrutant avec ses collègues un écran de surveillance de caméras, s'écrie : « Ici ! Zoomez sur ce type ! » Et alors l'image s'améliore jusqu'à identifier un suspect et élucider l'affaire. Cela a longtemps été une fiction. En effet les caméras étaient analogiques, ce qui les limitait considérablement. Désormais, elles passent au numérique. Sans rentrer dans une explication technique extrêmement complexe, la différence provient des modes d'enregistrement et de diffusion de la vidéo. Les caméras analogiques enregistrent les images, puis envoient le signal via un câble coaxial à un enregistreur réseau. Celui-ci convertit le signal analogique en signal numérique, compresse le fichier et le stocke sur un disque dur. Les écrans pour visualiser la vidéo doivent donc être connectés à l'enregistreur réseau. Les caméras de sécurité numériques, elles, n'ont pas besoin de l'étape de transformation. Elles peuvent envoyer les données directement sur un réseau informatique à partir duquel peuvent être réalisées des analyses plus poussées. De plus, les caméras numériques capturent un champ de vision beaucoup plus large que les caméras analogiques, au point qu'une seule caméra IP est potentiellement capable de faire le travail de trois à quatre caméras de la vieille école. Si vous ajoutez à cela que, à la différence d'une configuration analogique traditionnelle où chaque caméra doit être connectée directement à l'enregistreur réseau, les caméras numériques peuvent être branchées entre elles et même désormais avoir un seul câble pour l'alimentation électrique et la donnée, vous comprendrez pourquoi le numérique a gagné. 60 % des caméras installées au niveau mondial sont des caméras numériques, 30 % des analogiques et 10 % des CCTV. Une part croissante de caméras peut fonctionner dans un environnement de faible luminosité, notamment la nuit, grâce au rayonnement infrarouge ou à des capteurs thermiques.

La qualité d'une vidéo dépend à la fois de la résolution de l'image et du nombre d'images capturées par seconde. Le numérique a permis de faire exploser les deux. Le nombre d'images par seconde a grosso modo doublé en dix ans, passant de 7 à 15 en moyenne entre 2011 et 2019[6]. La résolution a, quant à elle, connu une évolution exponentielle. En 2014, un peu plus de la moitié des caméras vendues étaient en dessous d'un million de pixels de résolution et aucune au-dessus de cinq millions[7]. Pour mémoire, tout écran est composé d'une multitude de petits carrés colorés, les pixels, capables d'afficher une couleur à la fois. Une résolution d'un million de pixels correspond à 1280 pixels en largeur et 720 en hauteur. En 2020, une caméra vendue sur cinq est au-dessus de cinq millions de pixels, et il n'y en a plus aucune en dessous du million. La 4K, d'abord utilisée par le cinéma numérique, est celle-là même des téléviseurs dont vous pouvez voir les publicités. Elle correspond à une largeur avoisinant les 4 000 pixels soit une résolution de l'ordre de 8 millions de pixels et représente une caméra sur cent vendue aujourd'hui. Nul doute que d'ici trois à cinq ans cela pourrait concerner une part significative du marché. Alors que certains réalisateurs hollywoodiens ont utilisé des caméras 8K (8 000 pixels en largeur, soit 33 millions de pixels), et que certains téléviseurs se vantent désormais de restituer cette résolution, nous allons nous heurter aux limites physiques de notre organisme. Nos yeux ne contiennent pas de pixels, et l'image que nous créons est une interaction entre nos yeux et notre cerveau. Plusieurs modèles ont estimé que la limite d'un œil humain moyen se situait aux alentours de 15 millions de pixels. En outre la distance joue un rôle crucial. Nous pouvons voir énormément de détails, mais à la condition d'être à proximité immédiate d'un écran. Nous augmentons notre niveau de précision en réduisant notre champ de vision, qui est normalement de 135°, soit environ le tiers d'un tour sur soi-même. Il en va de même pour les caméras. Si vous souhaitez une grande profondeur de champ, vous êtes condamné à un faible nombre de pixels. Ainsi, les caméras dotées d'objectifs à très grand angle arrivent à un champ de vision horizontal de 180°, mais avec pour conséquence une image déformée, proche de celle que vous pouvez obtenir à travers le judas d'une porte. Cela rend l'image bien souvent inutilisable pour identifier les personnes. Le champ de vision vertical est souvent un moindre problème, les caméras étant placées en hauteur. Les caméras de surveillance vendues dans le commerce ont vu leur champ de vision progresser ces dernières années, passant de 90° en moyenne à près de 130° pour les modèles les plus perfectionnés. À titre de comparaison, l'objectif moyen d'un smartphone est plutôt de 60°. La question concerne évidemment le nombre de caméras requis pour surveiller une zone. Les caméras rotatives sont apparues, permettant de couvrir l'intégralité d'un lieu, mais elles présentent le risque de le laisser un moment sans surveillance.

Récemment, des chercheurs du MIT ont mis au point un verre capable de produire des images de 180° tout en étant plat, donc évitant l'effet « œil de poisson » précédemment décrit. Il est donc désormais possible de modifier les caractéristiques microscopiques d'une lentille afin d'obtenir des effets traditionnellement le fruit d'une modification importante du verre, comme sa courbure. Si cette avancée devait se confirmer, il serait possible de couvrir entièrement une zone avec deux caméras. De toute façon, le compromis traditionnel entre résolution de pixels élevée et profondeur de champ large pour zoomer est en passe d'être résolu. Avec ses dix-neuf objectifs, la caméra Mantis d'Aqueti, forte de 100 mégapixels, se vantait de pouvoir capturer des villes en vue d'ensemble, puis d'approfondir les détails jusqu'à un éternuement à près d'un kilomètre de distance. C'était il y a deux ans. Depuis, des chercheurs chinois ont présenté une caméra avec une résolution de 500 millions de pixels, talonnant des outils utilisés jusqu'à présent pour l'observation des étoiles. Il n'y a aucun signe de ralentissement de la puissance sans cesse croissante de ces outils. Ce n'est qu'une question de temps avant qu'apparaissent des systèmes de surveillance capables de zoomer sur des détails à dix kilomètres de distance. Dans un tout autre registre – mais la performance est tellement extraordinaire qu'elle mérite d'être remise en perspective –, le monde entier a pu voir quasiment en direct – en raison du temps mis par les images pour couvrir une telle distance – et dans une qualité incroyable la surface de la planète Mars grâce au robot Perseverence et à sa super-caméra française.

La dernière innovation radicale dans le monde des caméras concerne le lidar, acronyme de *light detection and ranging* (« détection et estimation de la distance par la lumière »). Jusqu'à présent, les caméras étaient parfaites pour représenter le monde en deux dimensions, mais elles retranscrivaient mal la troisième, la profondeur. Il fallait des traitements logiciels complexes pour donner une impression de 3D. Or le lidar crée des images 3D d'une précision inégalée, et il est en train de se démocratiser. La technologie, principalement connue pour le rôle essentiel qu'elle joue dans le développement des véhicules autonomes, recèle également un énorme potentiel pour les applications de sécurité. Le lidar émet de la lumière, plus précisément des photons, qui se trouve réfléchie par les objets. Il est alors possible savoir à quelle distance du capteur se situent ces objets avec une précision de l'ordre du centimètre. Pour vous faire une idée du lidar, imaginez-vous avec un long bâton dans une pièce sans lumière. On vous invite à la cartographier de manière parfaite en touchant avec votre bâton les murs, le plafond, le sol, tous les objets, et ce jusqu'à un million de fois. Eh bien voilà ce dont est capable le lidar, et de manière instantanée.

Le principal obstacle à la diffusion des lidars était leur prix. Mais il s'est effondré ces dernières années. Pour illustrer cette accessibilité croissante, l'un des leaders de l'industrie, Velodyne, a annoncé son intention de faire passer le prix unitaire de ses produits de 18 000 à 600 dollars entre 2017 et 2024. Un capteur d'entrée de gamme chinois coûte aujourd'hui 1 000 dollars tandis que la moyenne mondiale est plus proche des 5 000 dollars. Sa portée moyenne sera de 70 à 100 mètres.

Puisqu'un lidar ne voit le monde qu'en teintes de gris, il ne remplace pas la caméra, indispensable pour la captation des textures et couleurs. C'est la combinaison des deux qui donne un outil numérique ultra-précis qui capture jusqu'à 20 000 points sur un visage. Rien d'étonnant à ce qu'Apple ait équipé, pour la reconnaissance faciale, son dernier iPhone, le numéro 12, d'une caméra avant de « profondeur à temps de vol », autrement dit, un petit lidar. Elle collecte jusqu'à quatre fois plus de données que les technologies de numérisation 3D fondées sur les ondes infrarouges, qu'on trouve chez les concurrents. Cela pour s'adapter aux changements d'apparence d'un utilisateur, comme le maquillage, des conditions d'éclairage différentes, le port d'un chapeau, d'une écharpe, de lunettes, etc. Elle permet notamment de flouter avec précision les arrière-plans en mode portrait, pour une conférence téléphonique en télétravail par exemple. Depuis 2020, l'iPad Pro est, lui, doté d'un lidar arrière permettant de prendre des vues très détaillées. Les images capturées étant extraordinairement précises, il est beaucoup plus simple pour un logiciel de les traiter. Chaque objet est facilement identifié. Dans une chambre à coucher, l'oreiller est bien distinct de la table basse, qui elle-même n'est pas confondue avec le radiateur, car chacun de ces objets est défini par plusieurs milliers de points. L'image 3D n'est donc plus une simple image, mais une représentation sémantique du monde dans laquelle il est d'ailleurs facile de faire disparaître un des objets ou d'en faire apparaître un nouveau, ce qui laisse imaginer des expériences inédites en réalité augmentée. Il est par ailleurs extrêmement simple d'exporter ces scans dans les moteurs de jeux vidéo pour créer une immersion hyper-réaliste. La numérisation du monde par le haut – par les grandes entreprises de la voiture autonome ou de la livraison à domicile – se complète d'une numérisation par le bas – au quotidien par chacun des citoyens. Le jumeau numérique de la planète arrive. Certains imaginent le lidar comme une façon d'opérer une surveillance anonyme des comportements d'une foule, mais il y a fort à parier qu'il ne servira pas seul, venant complémenter l'image plutôt que se substituer à elle.

La vue d'en haut

Il est impossible de parler de la qualité des caméras sans mentionner les drones et satellites qui leur confèrent une mobilité qui leur échappait jusqu'à présent. Concernant les satellites, ce qui semblait être un mauvais film de science-fiction prend chaque jour plus de consistance. Il y avait ces enquêtes s'appuyant sur des photos Google Earth pour confirmer une suspicion. Ainsi en 2013, la police de Grants Pass, dans l'Oregon, apprenant qu'un habitant de la ville cultivait illégalement de la marijuana dans son jardin, a pu le vérifier via des images satellites en libre accès. En 2018, la police brésilienne de l'État de l'Amapá a pu détecter de la même manière un endroit où des arbres avaient été arrachés pour servir à alimenter en bois une charbonnière clandestine. Mais ces usages anecdotiques vont de plus en plus laisser place à une surveillance en temps réel, extrêmement précise et accessible à moindre coût. Les satellites offrent plus une photographie à un moment précis qu'une réelle surveillance en continu. Mais plus leur nombre augmente plus l'avènement de celle-ci semble possible. 150 satellites d'observation de la Terre étaient en orbite. Ils seraient plus de 800 à l'heure actuelle.

Même si certaines entreprises proposent des vidéos en direct depuis l'espace, nous sommes très loin de la vidéo haute résolution à plein temps de la Terre. Ces satellites d'observation traditionnels sont situés sur des orbites hautes, à près de 20 000 kilomètres de la Terre, ce qui signifie un télescope d'une certaine taille – proche d'un mètre de diamètre – monté sur un satellite de 3 tonnes. Le plus gros opérateur actuel, la société d'imagerie Planet Labs, maintient actuellement 140 satellites de ce type en orbite, suffisamment pour scanner chaque jour l'ensemble de la surface du globe. Grâce à eux, les investisseurs peuvent prédire l'approvisionnement en pétrole à partir des ombres projetées à l'intérieur des réservoirs de stockage de pétrole, les agriculteurs surveiller les inondations et protéger leurs cultures, les transporteurs anticiper le niveau de chargement en regardant les containers stockés sur les ports, les scientifiques étudier les migrations des oiseaux.

Concernant la précision, l'imagerie satellitaire privée est actuellement limitée par la réglementation fédérale américaine à une résolution de 25 centimètres par pixel, limite abaissée de moitié en 2014. Cela permet de voir une voiture, mais pas de relever sa plaque, de voir l'état d'un champ, mais pas de surveiller ses voisins. Pour donner une idée, la résolution proposée par Google Earth est d'environ 15 mètres par pixel. Grâce à un tweet de Donald Trump, qui a maladroitement diffusé une photographie satellite d'un site iranien de lancement de fusées après un échec au décollage, nous avons appris que les satellites d'espionnage militaires avaient une résolution de l'ordre de 10 centimètres par pixel.

D'autres pays réglementent également leurs satellites. Le Canada, par exemple, les régit par la loi sur les systèmes spatiaux de télédétection. En outre, le règlement général européen sur la protection des données (RGPD) peut s'appliquer à tout système d'imagerie susceptible d'identifier personnellement les citoyens de l'UE. Mais la limite ne s'applique pas à des sociétés de pays tiers, comme la Chine ou la Russie, qui pourraient donc commercialiser des images d'une plus grande précision et ainsi pousser leurs concurrents américains à demander une évolution de la réglementation. Le traité sur l'espace extra-atmosphérique, initié en 1967 par les États-Unis et l'Union soviétique, compte aujourd'hui cent États signataires, y compris la Chine. Il a consacré le principe du ciel ouvert, donnant à tous les États un libre accès à l'espace. À l'époque, cela permettait aux superpuissances de surveiller d'autres pays pour vérifier s'ils respectaient bien les accords de non-prolifération des armes nucléaires.

Mais une révolution technologique – encore une – pourrait bien faire basculer cet équilibre. De nouveaux opérateurs lancent des constellations de microsatellites en orbite basse, soit à moins de 500 kilomètres de la Terre. Comme ils tournent plus près du globe, ils le survolent plus de fois. Ceux-ci, de petite taille, pèsent moins de 50 kilogrammes et sont donc bien moins onéreux à lancer. Les quatre satellites chinois SkyMap50, lancés en 2018, stationnent à 500 kilomètres de la Terre d'où ils peuvent fournir une résolution de 50 centimètres par pixel pour un prix défiant toute concurrence (10 dollars le kilomètre carré pour la dernière prise de vue et 6 dollars pour l'image d'archive), rendant accessible la surveillance satellitaire à de nouveaux publics. C'est près de trente fois moins que des photos satellites haute résolution actuelles. Certains sont équipés d'un radar, à l'inverse de leurs prédécesseurs équipés de capteurs électro-optiques traditionnels, ce qui leur permet de produire des images nuit et jour, indépendamment de la couverture nuageuse. Le radar à synthèse d'ouverture est d'une telle précision que les États-Unis n'ont approuvé son usage commercial qu'en 2018. Avec ses 36 satellites, dont le premier a été lancé en août 2020, Capella promet de pouvoir fournir des images datant d'une heure maximum. Son concurrent finlandais ICEYE a déjà trois satellites opérationnels. Bientôt il sera possible d'acheter des images satellites récentes en masse et, à partir d'un traitement logiciel, de repérer les appartements vides au sein d'une ville en se fondant sur les lumières, ou prédire les ventes de détail à partir du nombre de voitures présentes sur les parkings des centres commerciaux.

Beaucoup plus proches de nous, les drones permettent déjà de faire ce que les satellites ne savent pas encore faire. Au milieu des années 1970, alors que la guerre froide battait son plein, le bureau de recherche et développement de la CIA avait mis au point un dispositif d'écoute miniaturisé intégré à un drone miniature imitant une libellule. Longue de 6 centimètres avec une envergure de 9, elle était censée avoir une portée de 200 mètres et un temps de vol de 60 secondes. Malheureusement, même la brise la plus douce la faisait dévier, si bien qu'elle n'a jamais pu effectuer de véritable mission d'espionnage. Quarante ans plus tard, l'armée américaine a commandé près d'un millier de drones Black Hornets, mini-drones-caméras de 10 centimètres d'envergure, pesant 33 grammes, capables de voler 25 minutes jusqu'à 21 kilomètres par heure, pour équiper ses unités de reconnaissance.

En octobre 2020, la police d'Atlanta a arrêté un suspect par drone. La scène spectaculaire a pris place dans un motel. Après qu'une équipe d'intervention a plastiqué la porte du suspect, un drone, filmant la scène, est entré dans la chambre, demandant à l'homme incriminé de poser les mains derrière la tête. Une fois que la police était certaine qu'il n'était pas armé, il a été cueilli par l'équipe d'intervention, évitant ainsi une interpellation plus dangereuse. Même la reconnaissance faciale, autrefois compliquée depuis un drone, est en train d'être résolue. La start-up israélienne AnyVision vient de publier un brevet qui permet de corriger à la fois la question de l'angle de la prise de vue et le fait que celle-ci s'effectue en mouvement.

La police française n'a rien à envier à l'armée américaine. Depuis 2018, Dunkerque est la première ville française à avoir équipé sa police d'un drone autonome. Celui-ci effectue des rondes nocturnes aléatoires au-dessus du port. Lorsqu'un capteur fixe est déclenché, il se rend sur place pour détecter et suivre l'intrus jusqu'à l'arrivée des agents de sécurité.

Des images de plus en plus contextualisées

Tous ces pixels ne restent pas inutilisés. Mais l'augmentation de la résolution ne bénéficie déjà plus vraiment aux êtres humains. Elle permet surtout à des logiciels de contextualiser les images enregistrées et de signaler un certain nombre d'événements qui pourraient échapper à l'œil humain. En effet, il est difficile pour un opérateur humain d'appréhender plus de huit écrans à la fois plusieurs heures d'affilée[8].

Tout commence en 2006 lorsqu'un informaticien israélien tente de condenser en un court clip vidéo les longs films de famille qu'une de ses étudiantes enregistre les week-ends. Sa solution ne marche pas très bien avec la caméra mobile de l'étudiante en question, mais se révèle parfaite avec des caméras fixes comme celles de la police de Tel-Aviv. Quelques mois plus tard, le professeur Shmuel Peleg crée la société BriefCam, capable de fondre les longues séquences vidéo d'une même scène en courts synopsis, avec les objets qui apparaissent à des moments différents dans la scène originale survenant ensemble à l'écran. Depuis, des milliers de logiciels ont été créés et sont fournis, aussi bien par des start-up comme BriefCam ou le français XXII que par des géants tels qu'Amazon. Ces logiciels, qu'on réduit souvent aux formules mathématiques complexes qui les composent, à savoir les algorithmes, participent de la surveillance dite « algorithmique ». Ils sont capables de repérer un individu dans une foule, de le suivre, de remarquer des menaces et des comportements anormaux (chute, attroupement, rodage, etc.), d'identifier un stationnement illégal, de signaler les infractions au Code de la route, de détecter les objets abandonnés, une promenade avec un chien, l'entrée dans une zone réservée, etc.

Les usages sont multiples, mais peuvent être divisés en deux grandes familles : la mesure de flux – qui ne requiert pas de connaître chacun des éléments composant ces flux –, et la surveillance des individus ou des objets qui leur appartiennent – ce qui impose de connaître leur identité. Pour le dire autrement, le premier pan de solutions correspond à une surveillance de la masse quand le second pan correspond à la surveillance des éléments individuels composant cette masse. Notons que la langue anglaise a deux mots pour le seul terme français « surveillance ». Le premier est *monitoring*, qui correspond à une mesure de l'activité et vient d'un contrôle de la qualité, notamment des signaux radio à travers un écran dédié appelé le moniteur. Il ne peut être réalisé par des humains, car la masse des variables à surveiller dépasse nos capacités. Des scénarios sont élaborés pour définir des événements anormaux. Le second est *surveillance*, qui correspond au suivi et à l'identification d'individus ou de leurs possessions, voitures notamment. Elle peut être réalisée par l'être humain, mais avec un très fort taux d'erreur.

Pour illustrer cette nuance, prenons la rue d'une banlieue pavillonnaire bordée de chaque côté de maisons se ressemblant toutes avec leurs murs crépis de blanc et leurs volets sombres. La surveillance au titre de la mesure signifie qu'un logiciel va compiler toutes les images prises pendant plusieurs jours et mettre en évidence que deux maisons concentrent plusieurs centaines de visites là où la moyenne est plutôt d'une demi-douzaine. Il y a alors fort à parier que ces maisons cachent une activité commerciale, sans doute illégale, qu'elle relève du jeu ou de la vente de stupéfiants. Un policier qui aurait regardé ces images de manière continue serait passé à côté de cette fréquentation plus importante, du fait qu'elle était lissée sur la journée. Dans le cas de la surveillance au titre de l'identification, le logiciel va identifier les personnes entrant et sortant de ces maisons pour déterminer leur degré d'implication dans un trafic potentiel. Un policier pourrait reconnaître des suspects, mais seulement ceux dont il suit la trace ou auxquels il a déjà eu affaire. Le logiciel, lui, arrive à distinguer de ce qui relève d'une situation anormale. Il peut recevoir des sources d'informations non visuelles qui lui permettent de mieux contextualiser une image. Ainsi, la société orléanaise Sensivic associe ses micros intelligents aux caméras numériques afin de les orienter dans la bonne direction, pour distinguer les passants qui dansent de ceux qui se battent, par exemple. Aux États-Unis, les détecteurs ShotSpotter font cela pour déterminer l'origine des coups de feu ou des bris de verre. Pour faciliter l'interaction avec le logiciel et aller plus loin que les scénarios prédéterminés, des outils de traitement sémantique sont développés permettant de retrouver des séquences vidéo à partir d'une phrase telle que « Je souhaite voir les individus portant une casquette rouge ».

Si les algorithmes sont des observateurs plus efficaces que les yeux humains, ils permettent de répondre à un problème : l'absence de mémoire de la vidéo. Tout comme notre cerveau ne peut retenir tout ce que nous voyons en raison d'une capacité de stockage insuffisante, les caméras ne peuvent enregistrer tout ce qu'elles voient. Même doté de la compression la plus forte, un flux continu de 30 images par seconde et d'une résolution 4K occupe 1 To de stockage par semaine. Si ce nombre ne vous dit rien, sachez qu'un ordinateur vendu dans le commerce dispose en général d'un demi To de mémoire. Si le milliard de caméras enregistraient en continu, elles satureraient la capacité de stockage mondiale[9] en un peu moins de quatre mois, en imaginant cette dernière exclusivement dédiée à cela. Parce que le stockage infini est impossible, un effacement progressif des images est réalisé, entre 48 heures et 90 jours après leur enregistrement, la législation imposant parfois des durées de détention maximale, comme en France où elle est de 30 jours. Le stockage des images est relativement inutile pour la mesure de l'activité, dans le sens où l'image n'a qu'un usage temporaire, le temps de compter, par exemple, le nombre exact de voitures qui sont passées à un carrefour donné. Il n'est pas nécessaire non plus pour la surveillance, car les logiciels sont capables de repérer les images intéressantes, celles où il se passe une action sortant de l'ordinaire, et celle-ci peut être stockée. Plus les algorithmes sont intelligents, plus la surveillance se fait en temps réel, et moins l'appel à la mémoire est nécessaire. La seule exception pourrait être une démarche d'identification a posteriori, pour retracer le chemin d'un suspect par exemple, trajet pendant lequel il n'aurait pas eu un comportement de nature à susciter une alarme, et encore faudrait-il qu'une enquête soit lancée relativement longtemps après la découverte du crime ou du délit pour que les enregistrements aient tous été effacés.

Les réseaux de caméras intelligentes se déploient très rapidement. La société BriefCam se vante d'avoir été utilisée par la police norvégienne pour retracer les parcours d'Anders Breivik, le terroriste d'extrême droite qui a tué plus de 150 personnes en 2011, et de Djokhar et Tamerlan Tsarnaïev, les responsables de l'attentat du marathon de Boston. Depuis 2012, la France est aussi cliente. L'Association nationale de la vidéoprotection publie chaque année, et ce depuis dix ans, un rapport dans lequel ses membres donnent les références de leurs clients, ce qui permet de connaître l'avancement du déploiement de ces solutions. Un intégrateur évoque trente-cinq communes équipées de BriefCam, quand un autre donne cinq noms. La société compte parmi ses clients les villes de Nice, Vienne, La Baule ou encore Vaulx-en-Velin dans la banlieue de Lyon. Le chinois Hikvision a, de son côté, séduit les villes de Lyon, Montpellier, Salon-de-Provence ou encore Mennecy, pour citer quelques-unes des trois cents communes qui font appel à ses services. Dans un centre de contrôle, le logiciel peut repérer tous les individus portant un pull à capuche, et ensuite extraire les images pour qu'un opérateur de télésurveillance puisse intervenir plus efficacement. Au-delà des polices municipales, les services des douanes, de la police judiciaire ou du renseignement en sont, ou en ont été, équipés.

À côté des fabricants de matériel intégrant leur propre solution informatique, on trouve des spécialistes du logiciel de mesure ou de surveillance. Ces petites entreprises sont devenues des géants en quelques années, le danois Milestone, créé en 1998 et qui fait tourner près de 200 000 caméras dans le monde aujourd'hui, le canadien Genetec, l'américain OnSSI, le chinois Megvii, créé en 2011 et qui compte pas moins de 2 000 employés aujourd'hui par exemple. Les ventes de logiciels progressant trois fois plus vite que celles des matériels, les rachats de sociétés spécialisées s'accélèrent. En moins de six ans, Canon a racheté Milestone, puis le suédois Axis, et encore BriefCam, devenant un géant de la surveillance. Les géants du numérique, Microsoft, Amazon, IBM, Cisco et autres, ont senti l'odeur de l'argent et sont de plus en plus présents. La raison est simple. Ces entreprises louent la puissance de calcul de leurs serveurs, le fameux *cloud*, sur lesquels les logiciels peuvent analyser les images. Et ces logiciels ne sont pas si complexes. Leurs briques élémentaires sont pour la plupart dans le domaine public, la vraie différence étant dans la capacité de nourrir l'algorithme avec le maximum de données possibles. Les logiciels qui rendent une caméra intelligente peuvent en effet être installés soit dans un serveur central, auquel cas il faut une connexion rapide, soit dans l'électronique interne de la caméra, la limite étant l'encombrement, donc une puissance réduite. Dans le premier cas, on parle de *cloud computing* et dans le second de *edge computing*.

Les applications les plus sophistiquées requièrent de pouvoir transférer les données sur des serveurs à distance. Le stockage des images nécessite lui aussi un transfert. Aussi les canaux de transmission des données peuvent-ils devenir un goulot d'étranglement. Le réseau filaire par fibre est évidemment la solution avec son fort débit, et la fusion des réseaux d'électricité et de données sur un seul et même câble a été une avancée considérable, facilitant le raccordement. Néanmoins, pour des raisons pratiques, les transmissions sans fil par ondes radio (WiFi 2.4 ou 5GHz, RLAN, faisceaux hertziens, Internet mobile) sont de plus en plus privilégiées. L'encombrement des banques de fréquences – ces transmissions étant sensibles aux interférences – et la perte de signal en cas d'obstacles seront réglés par le déploiement de la norme 5G. La vitesse de téléchargement sera considérablement augmentée jusqu'à être comparable à celle d'un réseau filaire. Grâce à cette réduction de la latence, les caméras peuvent fonctionner plus longtemps en mode veille et ne s'activer que lorsqu'un événement survient.

La rupture parallèle provient des batteries. Jusqu'ici les caméras avaient besoin d'être alimentées par le réseau électrique, comme dans le cas de la plupart des installations faites pour durer. Mais les progrès réalisés sur les batteries permettent d'envisager des caméras extérieures sans raccordement à un réseau électrique. La durée de vie des batteries est encore souvent de six mois, mais certains modèles parmi les plus récents peuvent durer deux ans et être remplacées. En outre, couplées à un panneau solaire, elles peuvent être totalement indépendantes du réseau et placées à des endroits inaccessibles auparavant.

Les progrès des caméras intelligentes débordent la simple surveillance : les nouveaux systèmes de visioconférence, qui ont conquis les bureaux suite au confinement, sont capables de zoomer automatiquement sur le participant qui prend la parole.

La reconnaissance biométrique

La biométrie permet d'identifier et d'authentifier une personne sur la base de données reconnaissables et vérifiables, qui lui sont uniques et spécifiques. Il y a des dizaines de façons de distinguer un individu par rapport à un autre. La classification primaire distingue les caractéristiques physiologiques et les comportementales. Parmi les caractéristiques physiologiques, certaines sont morphologiques (visage, empreintes digitales, iris et rétines, vascularisation des mains, rythme cardiaque) et d'autres biologiques (l'ADN, suite à un prélèvement sanguin, salivaire ou tissulaire). Les caractéristiques comportementales les plus connues sont la démarche, l'écriture ou encore la voix. La plupart reposent sur l'image. La start-up chinoise d'intelligence artificielle Watrix a créé un logiciel qui peut identifier une personne à 50 mètres de distance en analysant sa démarche. Toutes n'ont pas le même niveau d'efficacité, le même niveau de vulnérabilité, mais penser pouvoir les tromper de manière persistante est une chimère. Pour augmenter la sécurité, les systèmes multisensoriels deviendront la norme, dans lesquels toute une panoplie de capteurs sera utilisée pour identifier une personne. Des biométries alternatives existent, comme la reconnaissance de nos pores, de nos odeurs, ou encore de nos empreintes de pas.

Parmi les analyses les plus performantes en matière d'analyse d'image, la reconnaissance faciale concentre une grande partie des recherches. Vous serez peut-être surpris de savoir qu'elle existe depuis les années 1960, même si son développement s'est considérablement accéléré depuis 1991, lorsque deux organismes publics américains, l'un à vocation militaire, la Defense Advanced Research Projects Agency (DARPA), et l'autre à vocation civile, le National Institute of Standards and Technology (NIST), ont lancé un programme commun. La reconnaissance faciale correspond à l'utilisation d'un logiciel capable d'identifier plus de 80 points nodaux sur un visage humain, même si la plupart des logiciels commerciaux n'en utilisent qu'une vingtaine. Les points nodaux permettent de mesurer certaines variables du visage d'une personne, comme la largeur et la longueur du nez, l'espace entre les yeux et la profondeur des orbites, le contour des pommettes, la longueur du menton, etc. Le logiciel enregistre toutes les données de chaque point nodal sous forme d'empreinte faciale. Il la compare ensuite à l'image numérique capturée afin de vérifier l'identité d'un individu. Le logiciel apprend à comparer les visages à partir d'immenses échantillons de plusieurs millions d'individus. Il crée ses propres schémas de reconnaissance, loin d'éléments aussi visibles que la couleur des sourcils ou le type de nez. C'est pour cela qu'on parle d'algorithmes auto-apprenants. Si le visage n'a pas été préenregistré, ou s'il n'est pas associé à des caractéristiques classiques d'identification, le logiciel peut aussi catégoriser l'individu en fonction de l'âge, du genre, de la couleur de peau, des cheveux, découvrir sa taille, déterminer sa vitesse de déplacement, le retrouver selon ses vêtements.

Le logiciel de reconnaissance de visage d'Amazon, appelé Rekognition, n'était pas initialement commercialisé en tant que logiciel de surveillance à son lancement. Mais le bureau du shérif du comté de Washington dans l'Oregon a commencé à l'utiliser dans ce sens avec succès en 2017 et son utilisation s'est répandue comme une traînée de poudre. En 2017, Moscou a lancé un système de reconnaissance faciale en direct intégré aux bases de données du ministère de l'Intérieur et l'a déployé à grande échelle à partir de 2020. Cette même année, la ville de Londres a décidé de déployer également la reconnaissance faciale en temps réel. Quand vous avez des outils coûteux, vous êtes tenté de les utiliser à leur plein potentiel, n'est-ce pas ? Il s'agit d'un nouveau réseau de caméras, indépendants de ceux préexistants, qui comparera les visages des passants à ceux de près de 5 000 personnes recherchées ou suspectes dans des affaires en cours. Des tests ont déjà été effectués à dix reprises ces quatre dernières années, en utilisant l'annuaire de la police comme base de données. 70 % des policiers ont été identifiés en passant devant les caméras, tandis que seule une autre personne sur mille a généré une fausse alerte. Une étude indépendante, commandée à l'université de l'Essex, a montré que sur 42 alertes révélant une concordance avec un visage dans la base de données testée, seules 8 identifications étaient exactes, 30 erronées, et 4 impossibles à vérifier, du fait que les personnes identifiées s'étaient fondues dans la foule. Ce taux d'erreur peut sembler élevé, mais il est relativement faible comparé aux vérifications d'identité réalisées par des policiers postés dans la rue sans assistance de la vidéo. Aux États-Unis, des villes telles que Détroit ou Washington ont acquis des systèmes de reconnaissance faciale pour leurs services de police[10]. La ville d'Orlando en Floride l'a testée en 2019 avant d'y mettre fin suite à des difficultés techniques, notamment en raison d'un parc de caméras trop ancien pour obtenir des images d'une qualité suffisante. L'autorité des transports de l'État de New York a mené en 2019 un test pour la reconnaissance faciale des conducteurs, en installant des caméras. Celui-ci a également échoué, sans aucun visage détecté dans les paramètres acceptables, notamment du fait des multiples reflets des pare-brise. L'autorité souhaite néanmoins poursuivre les tests.

Ces logiciels ne sont plus l'apanage des seuls États depuis longtemps. La baisse continue du prix des installations, qui varie entre 2 000 et 30 000 euros selon la taille du site, les rend de plus en plus accessibles à des organismes privés. Pendant huit ans, de 2012 à 2020, la chaîne américaine de pharmacies Rite Aid Corp a discrètement ajouté des systèmes de reconnaissance faciale à 200 de ses 2 400 magasins à travers les États-Unis afin de dissuader le vol et protéger le personnel et les clients. Les caméras repéraient les clients que la chaîne avait déjà observés en train de se livrer à une activité délictuelle, provoquant l'envoi d'une alerte sur les smartphones des agents de sécurité. Par ailleurs, lorsque ces agents voyaient quelqu'un commettre un délit ou avoir un comportement suspect, ils pouvaient l'ajouter à la liste de surveillance. Le logiciel de la société FaceFirst, qui a fourni les caméras à la chaîne de pharmacies, effectue plus de 12 milliards de comparaisons par jour. D'autres grandes chaînes comme Walmart ou 7-Eleven ont essayé ces dispositifs, les abandonnant souvent en raison de leur coût trop élevé, mais jamais pour leur efficacité. Au Royaume-Uni, certains points de vente de Budgens, une chaîne d'épiceries indépendantes, utilisent la technologie de reconnaissance faciale fournie par Facewatch, capable de suivre les données socioéconomiques des personnes entrant dans un magasin, y compris leur appartenance ethnique. Le nombre de faux positifs ne serait que de 15 %. La base de données des personnes indésirables est entièrement à la main de l'entreprise qui peut y ajouter qui elle veut. Notons que le refus d'entrée dans un magasin est autorisé dans la législation et la jurisprudence anglaise, tant qu'il n'est pas le fruit de discriminations avérées, alors qu'il serait considéré comme une atteinte à la liberté d'aller et venir en France. En outre, s'il est possible d'esquiver la reconnaissance faciale dans la rue lorsque les caméras ne sont pas parfaitement placées, cela est impossible dans des lieux où le flux de la foule est orienté et contrôlé. C'est le cas des salles de concert. En avril 2018, la police chinoise a arrêté un homme qui faisait partie d'une foule de 60 000 spectateurs. Les caméras de reconnaissance faciale l'avaient repéré à l'entrée.

La fusion entre efficacité et surveillance

La vision par ordinateur est le domaine le plus mature de l'intelligence artificielle. Cela va se traduire par de gigantesques gains de productivité. La révolution de l'apprentissage profond (*deep learning*) plonge d'ailleurs ses racines dans la vision par ordinateur. Lors du désormais historique concours ImageNet de 2012, Geoffrey Hinton et son équipe ont utilisé une architecture nouvelle d'un réseau de neurones artificiels, et les performances obtenues ont éclipsé tous les travaux antérieurs de reconnaissance d'images par ordinateur. L'ère de l'apprentissage profond était née. Au cours de la décennie qui a suivi, les capacités de vision par ordinateur ont progressé à un rythme époustouflant. Les agriculteurs les utilisent pour déterminer l'état des cultures dans les champs et savoir s'il faut ajouter plus d'eau, d'engrais ou de pesticides. Les assureurs les emploient pour évaluer l'état d'un bâtiment et calculer la prime de risque. Les électriciens y recourent pour couper la végétation proche des lignes à haute tension. La médecine va suivre. La start-up lorraine i-Virtual développe une technologie basée sur le *deep learning* et la photopléthysmographie, une technique de mesure optique qui permet d'observer les variations de volume sanguin dans un tissu de manière non invasive. Concrètement, n'importe qui pourra, avec la caméra de son smartphone, effectuer un bilan de santé complet en moins d'une minute, le système étant capable de mesurer six variables physiologiques : fréquence cardiaque, fréquence respiratoire, pression artérielle, taux de saturation en oxygène, variabilité cardiaque et niveau de stress.

Dès qu'il s'agit des villes, la frontière étroite entre l'amélioration de la gestion des flux et la surveillance est toujours plus perméable. De nombreux capteurs sont installés : pour savoir si les poubelles publiques sont pleines et donc les inscrire sur le trajet de ramassage, si une route est encombrée et donc régler les feux de circulation, si une chaussée est déformée et donc la faire réparer, etc. Même du point de vue du citoyen, cette efficacité est intéressante. Des frais de stationnement directement prélevés sur votre carte bancaire, vous évitant ainsi la pénible recherche d'un parcmètre et de votre monnaie, qui sera contre ? Ces capteurs peuvent être de différentes natures : cellule photoélectrique sensible, laser, sonar, radar, microphone, tuyau en caoutchouc creux, câble piézo-électrique ou boucle électromagnétique. Ils réalisent une opération de *monitoring* de manière anonyme et sans l'objectif d'assurer la sécurité des biens ou des personnes. Ils ont pour but plutôt de rendre la ville plus efficace, notamment du point de vue de sa circulation et des services publics.

Mais il faut bien comprendre que dès qu'une caméra est impliquée, la frontière entre efficacité et surveillance est abolie. Une fois que l'image est capturée, son utilisation peut être multiple et ne dépend que des logiciels adoptés. Il n'y a donc pas un usage pour la surveillance et des usages autres. À chaque fois qu'une caméra est installée, elle pourrait, et devrait même, comme nous le verrons plus loin, participer au système de surveillance, même si son but premier est autre. La transformation de l'éclairage public en est la meilleure preuve. Éclairer nos rues la nuit pour nous orienter nous a permis dans le même temps de mieux contrôler l'espace public. Ce lent mouvement de domestication a commencé il y a six siècles à Londres avec une décision du lord-maire d'allumer des lanternes équipées de bougies. Actuellement, dans toutes les grandes villes, les ampoules à décharge haute intensité des lampadaires sont en train d'être remplacées par des LED, et la plupart des villes profitent de ce changement pour ajouter des capteurs vidéo sur les lampadaires les plus stratégiques. Ainsi en 2016, à San Diego, en Californie, la ville a profité de la rénovation de 14 000 de ses 60 000 lampadaires pour installer 3 200 capteurs vidéo. Au début, elle a assuré que les lieux avaient été sélectionnés pour en tirer des informations sur les flux automobiles, piétonniers et cyclistes, sur le stationnement, sur l'environnement et la météo. Mais la première fois que les services de police ont regardé une des vidéos capturées, ils ont été médusés par sa qualité. Depuis, ils ont utilisé des images de ces lampadaires près de 400 fois pour enquêter sur des affaires allant de l'agression sexuelle au vandalisme. Preuve de l'ordre des priorités : dans le cadre de la renégociation du contrat de maintenance des capteurs, les fonctions de captation de l'état du trafic ou de la météo ont été temporairement désactivées, mais pas celles à destination de la police. Les gains de productivité que les autorités publiques réaliseront seront tels qu'il sera facile de financer les investissements par de futures baisses de dépenses de fonctionnement.

Parce que les technologies de la vision sont ubiquitaires, la ville sûre (*safe city*) se déploie dans le même mouvement que la ville intelligente (*smart city*). Il est inutile de vouloir créer une opposition naïve entre la première, qui viserait à surveiller l'espace urbain pour réduire ses dangers, et la seconde, qui voudrait améliorer la qualité des services urbains, réduire les coûts et améliorer la consommation des ressources. Le contrôle de la vie collective est la condition pour que la ville soit efficace. C'est ainsi qu'en Chine ou à Singapour la reconnaissance faciale est utilisée pour verbaliser les automobilistes dans toute une série d'infractions, allant du stationnement aux excès de vitesse, mais aussi les piétons qui ne respectent pas les feux.

Cette fusion entre *safe city* et *smart city* se retrouve aussi dans la collecte des déchets, prérogative essentielle des autorités locales en ville. Si elle dysfonctionne, la vie en ville devient impossible. À Naples, en 2008, la saturation de la principale décharge municipale avait conduit à laisser plusieurs milliers de tonnes de déchets s'accumuler dans les rues. Les écoles avaient alors été fermées. Revenons à Paris. Vous déambulez dans une rue et vous croisez une poubelle publique qui déborde de sacs en papier gras de fast-food. À côté de vous un cycliste zigzague sur la piste cyclable pour éviter du verre brisé. Au pied d'un platane s'entassent un matelas éventré et des déchets de chantier. La tentation est alors grande de supprimer les poubelles publiques, de mettre fin au ramassage anonyme, d'obliger les habitants à se rendre à des conteneurs, de forcer ainsi chacun à se rendre compte du poids de ses déchets, et d'individualiser le coût de leur traitement. Mais pour cela, il faut une solution d'identification fiable. C'est pourquoi les bacs intelligents du district de Xicheng à

Pékin utilisent la reconnaissance faciale pour favoriser les habitants au bon comportement de recyclage. Avant la mise en service de l'équipement intelligent, tous les résidents participants ont été enregistrés et des portraits pris. Lorsque les résidents enregistrés se débarrassent de leurs ordures, la poubelle peut automatiquement scanner leur visage pour les identifier. Une fois que le bac a confirmé que l'utilisateur est un résident, le couvercle s'ouvre et la poubelle recyclée est pesée. Des sacs à ordures à QR code sont mis à disposition des résidents et permettent ensuite de vérifier que le contenu a été bien trié. Les résidents non enregistrés peuvent également ouvrir la poubelle en appuyant sur un bouton, mais seuls ceux enregistrés peuvent bénéficier d'un système de récompenses lié à un comportement de recyclage exemplaire. Ces récompenses comprennent de la nourriture et des produits ménagers, tels que des serviettes en papier, du sel, des œufs, etc. À Pékin, les caméras ont envahi jusqu'aux toilettes publiques du parc du Temple du Ciel. En effet, un certain nombre de personnes, souvent âgées et modestes, venaient se servir en papier toilette, créant une véritable pénurie. Désormais, avant d'entrer dans les toilettes, les usagers doivent faire face à une caméra durant trois secondes, et alors seulement huit feuilles leur sont distribuées. Évidemment ces machines connaissent des ratés, obligeant les autorités à faire distribuer le papier manuellement par des employés du parc. Cela n'a pas empêché le modèle d'essaimer dans tout le pays, alimenté par le fonds de modernisation pour 100 000 toilettes lancé par Xi Jinping lui-même en 2016.

L'augmentation de la résolution des caméras, leur capacité à capturer le monde de manière extrêmement précise, la diffusion rapide des logiciels permettant de trier les images étendent le champ d'utilisation des caméras. En extérieur, elles participent à la gestion de l'environnement en mesurant la pollution atmosphérique, la qualité de l'eau ou d'éventuelles inondations. Dans les entrepôts, elles opèrent le suivi des colis. Dans les commerces, on assiste à une fusion des usages entre mesure de l'activité et surveillance. Beaucoup d'entreprises qui ont débuté sur le marché de la sécurité diversifient maintenant leurs offres vers le secteur commercial. BriefCam, Milestone et Axis proposent aux commerçants des solutions hybrides permettant de surveiller la circulation piétonne, la longueur de la file d'attente, les habitudes d'achat, la disposition des linéaires, le temps passé devant chaque vitrine, le nombre de personnes ressortant avec un sac, et même de mesurer l'efficacité des promotions. En France, des enseignes comme Carrefour et Monoprix, qui n'utilisent pas la reconnaissance faciale, ont néanmoins des caméras opérationnelles pour analyser les files d'attente et évaluer le besoin d'ouvrir une nouvelle caisse. Ces magasins utilisent également des caméras thermiques, qui ne peuvent reconnaître les personnes, pour connaître les rayons les plus fréquentés.

Il y a quelques années, la tentation était grande de multiplier les capteurs – qu'ils soient infrarouges, lasers, accéléromètres – avant de se rendre compte que la vision pouvait récapituler la plupart d'entre eux à condition de développer des algorithmes intelligents. La caméra, parfois augmentée avec un lidar ou en infrarouge, est donc apparue comme le capteur universel. Ce choix relève également d'un réflexe anthropomorphique puissant. Il est plus simple de visualiser ce qu'un algorithme doit voir pour lui donner l'entraînement initial, à la différence d'ondes radio qui n'appartiennent pas à notre registre du sensible. C'est ce choix technologique qu'a fait Elon Musk pour ses voitures Tesla, allant jusqu'à déclarer que la numérisation laser était stupide. Cette préférence pour la vision explique la raison pour laquelle les véhicules autonomes qui vont envahir notre quotidien seront équipés de caméras avant tout autre type de capteurs. Ces robots ne sont pas de la science-fiction. Ce sont les véhicules de livraison à six roues de Starship Technologies qui ont déjà effectué un demi-million de livraisons à travers le monde, les robots-taxis de l'américain Waymo ou du chinois WeRide qui fonctionnent sans conducteur humain, le chien-robot à quatre pattes Spot de Boston Dynamics dont les vidéos de franchissement d'obstacles, d'ouverture de portes et de franchissement de marches ont largement fait le tour du web, et qui est maintenant mis en vente pour 65 000 euros, le robot tondeuse qui traîne dans votre jardin ou le robot aspirateur de votre salon, équipés de caméra pour les plus sophistiqués d'entre eux. Lorsque ces robots vont se déployer dans l'espace urbain, ils vont y capter en permanence des flux vidéo. Un robot livreur comme celui de Starship contient pas moins de dix caméras. Déjà, les robots existants sont reliés à des centres de surveillance pour suivre leur progression et reprendre le contrôle en cas d'incident. Nos voitures vont suivre le même chemin. Plus nous souhaiterons les rapprocher de la conduite autonome, plus elles vont enregistrer le monde. Toutes les voitures neuves vendues aux États-Unis sont équipées de caméras de recul. Une telle disposition a été discutée au niveau de l'Union européenne, mais seul un détecteur de collision arrière a été retenu pour tous les nouveaux véhicules commercialisés d'ici à 2022.

Partie 2

L'homme est devenu une caméra pour l'homme

Le monde va ainsi être vu et enregistré, mais la société panoptique reste une chimère. Aucun État n'a, seul, les moyens d'une telle ambition. Pas même la Chine. C'est sans compter sur la surveillance exercée par les citoyens eux-mêmes dans l'espace public depuis leur smartphone, leur voiture ou leur domicile. Cette sousveillance égalitaire vient d'en bas, est décentralisée, ne tombe pas en panne, n'est pas piratable. Nos smartphones sont déjà équipés de caméras plus puissantes que le plus onéreux des appareils photo que nous pouvions acheter il y a à peine une dizaine d'années. Couplés à des lunettes ou à des caméras subjectives, ils produiront des images en continu, rejoints par nos voitures ou nos maisons. Pour trier ces images et les rendre intéressantes, nous avons de plus en plus accès aux logiciels utilisés par les forces de l'ordre. Qu'est-ce qui empêche quelques lignes de code de passer d'un policier à un citoyen ? On ne peut pas y marquer un numéro de série comme sur un pistolet.

Filmer sa vie en permanence

On compte 3 milliards de smartphones, dont une majorité équipée de deux caméras, avant et arrière. Beaucoup de gens se sont moqués de l'inflation de leur nombre sur les iPhones, mais cette course à l'armement va se poursuivre. Les portables les plus haut de gamme ont des zooms × 100 et des caméras de 108 millions de pixels. La quantité de photos et de vidéos produite par ces smartphones est en croissance exponentielle. En 2000, selon Kodak, 80 milliards de photos avaient été prises. Dix ans plus tard, la barre des 350 milliards était franchie. Et dix ans encore après, en 2020, celle des 1 440 milliards[1]. 90 % d'entre elles ont été prises par des smartphones, le reste par des appareils photo ou tablettes dont la part diminue encore avec le temps. C'est donc près de 430 photos chaque année par détenteur de smartphone. Les 2 000 milliards devraient être atteints en 2025. Quasiment 1 000 milliards de ces photos sont conservées, le stock actuel étant évalué à 7 400 milliards. Il en va de même pour la vidéo. On pourrait considérer que nombre de ces vidéos sont inutiles. Dans cette rubrique, chacun peut y aller de sa pire anecdote. La mienne m'a été contée par ma pédiatre, effarée de voir un couple de parents sortir leurs téléphones pour l'injection du premier vaccin de leur nourrisson de deux mois. Mais c'est parce que nos smartphones charrient une telle masse de vidéos qu'on y trouve parfois des pépites. Des prises de vue en direct ont déjà changé le monde, documentant des événements où les caméras de télévision étaient absentes, offrant des points de vue complémentaires sur des situations, enregistrant et révélant ce qui aurait pu rester secret.

Mais il est évidemment impossible de filmer en permanence. Sortir son appareil, lancer l'application d'enregistrement, ne pas trembler et conserver la mire, font que beaucoup d'occasions sont encore manquées. Les caméras dites « subjectives » ou « d'action », type GoPro, viennent pallier le problème. Fixées directement sur le porteur, sur un casque ou par des sangles, elles lui permettent d'enregistrer ce qu'il vit. Leur principale limitation est la batterie. Un enregistrement en 4K dure entre 60 et 90 minutes. Il faut changer les batteries plusieurs fois dans la journée. Néanmoins, pour démontrer la puissance de la caméra de l'iPhone 11 Pro Max, Apple a enregistré une vidéo en 4K de plus de cinq heures au musée de l'Ermitage à Saint-Pétersbourg sans recharger la batterie du terminal. Elle était même encore chargée à 19 % à la fin de l'enregistrement.

La prochaine révolution pourrait venir des lunettes intelligentes. Oui, celles-là mêmes décrites dans les films d'anticipation. Vous avez peut-être vu *The Circle*, sorti en 2017, qui n'a pas été un grand succès au box-office malgré Tom Hanks et Emma Watson au casting. Le film imagine les États-Unis dans un futur proche, avec le géant du numérique The Circle proposant une expérience révolutionnaire, celle d'être filmé en permanence par une mini-caméra connectée, ce qui soulève toute une série de débats éthiques. Au-delà des films, vous étiez restés sur l'échec commercial des Google Glasses il y a huit ans ? Ce produit a pourtant ouvert la voie aux lunettes connectées, mais avec des composants électroniques qui paraîtraient préhistoriques aujourd'hui. La batterie ne pouvait supporter que 30 minutes de prise de vue. Les photos avaient une résolution 5 millions de pixels et les vidéos de 720 pixels. Ce sont surtout les usages qui s'étaient révélés décevants pour un prix relativement onéreux de 1 500 dollars, d'où les critiques. Mais en juillet 2017 Google a annoncé la sortie de Google Glass Enterprise, et en mai 2019 la Google Glass Enterprise 2e édition, preuve que le pari initial sur la technologie a perduré. Pour 999 dollars, le dernier modèle possède une caméra de 8 mégapixels avec un champ de vue de 80° ainsi qu'une batterie permettant de réaliser près de deux heures de prise de vue. La firme de Mountain View vient aussi d'acquérir le canadien North, un acteur spécialisé qui vendait ses propres lunettes notamment les Focals. Et Google n'est pas seul. Tous les géants de l'industrie de la technologie travaillent sur de nouvelles lunettes intelligentes. Microsoft a longtemps réservé l'usage de ses lunettes HoloLens 2 aux seules entreprises – auprès desquelles elles ont connu un immense succès avec plusieurs centaines de milliers d'unités vendues, dont 100 000 à l'armée américaine, un contrat de 22 milliards de dollars – avant d'ouvrir la vente aux particuliers en septembre 2020. En 2019, Amazon a lancé ses propres lunettes, mais elles ne permettent que de recevoir des appels via des microphones intégrés. Cette première génération, accessible uniquement sur invitation, a passé son test commercial avec succès, car une deuxième version a été mise en vente en décembre 2020. En cette même année 2019, Snapchat a dévoilé la troisième génération de ses lunettes caméra qui doivent permettre de générer du contenu 3D pour son réseau social, et Vuzix, fabricant de lunettes connectées pour professionnels depuis 1997, a lancé une version à destination du grand public. En 2020, c'est le japonais Epson qui a dévoilé sa version. Facebook travaille avec RayBan pour lancer ses propres lunettes en 2021. Si elles pourront filmer, elles n'auront pas d'écran. Enfin Apple pourrait lancer une ligne de lunettes de réalité augmentée en 2021 ou 2022. Elles permettront l'affichage, mais pas l'enregistrement, par respect pour la vie privée. À ce titre, elles bénéficieront d'un lidar, mais pas d'une caméra. Comme peuvent l'être des AirPods, elles seront nécessairement associées à un smartphone qui effectuera les opérations de calcul. Autre produit encore : un récent brevet, déposé par Huawei, prévoit une mini-caméra rotative qui pourra sortir en cas de besoin pour qu'un porteur de lunettes intelligentes puisse filmer en arrière ou sur le côté.

Les caractéristiques de chacun de ces produits varient, phénomène logique alors que le marché ne fait que débuter. On peut distinguer trois grands usages pour les lunettes : enregistrer des vidéos en mode subjectif, projeter des informations visuelles via un écran-miroir, capter les interactions de l'utilisateur. Toutes intègrent des haut-parleurs et des microphones. Les plus sophistiquées disposent d'un module permettant de s'affranchir des écrans tactiles et des commandes vocales. Un capteur, radar ou lidar, relève la position des mains de l'utilisateur – sans aucun contact avec l'appareil – et en déduit les actions correspondantes, comme l'acceptation d'un appel téléphonique avec son pouce en l'air, un défilement vers le bas en pinçant le pouce et l'index, l'actionnement d'un interrupteur. Nul doute que si un des trois usages vient à manquer au départ, à terme elles seront toutes équipées d'une caméra. Car quelle utilité d'avoir un écran devant les yeux qu'il faudrait compléter par une caméra dans sa poche ?

Les caméras subjectives, dites « piéton », « corporelle » ou « individuelle », qu'elles soient montées sur des lunettes ou portées sur le torse, sont déjà une réalité pour de nombreuses forces de l'ordre à travers le monde. Il est ainsi prévu que les gendarmes et policiers français soient tous équipés de caméras corporelles d'ici à juillet 2021. Cette proposition remonte à 2009. Émise par le ministre de l'Intérieur de l'époque, Brice Hortefeux, elle a été reprise par plusieurs de ses successeurs comme Manuel Valls, Bernard Cazeneuve, Gérard Collomb, Christophe Castaner. Les premières caméras ont été achetées en 2018. 10 500 sont déjà installées et près de 30 000 nouvelles ont été commandées. Il subsiste un énorme problème de batterie pour ces caméras dont l'autonomie ne dépasse pas deux heures trente, ce qui pousse certains membres des forces de l'ordre à s'équiper, hors de tout cadre réglementaire, de leur propre GoPro, achetée sur leurs deniers personnels. Valérie Pécresse, en tant que présidente d'Île-de France Mobilités (IFM), ex-Syndicat des transports d'Île-de-France (Stif), a annoncé en 2019 la généralisation des caméras piéton à l'ensemble des patrouilles des forces de sûreté de la RATP, soit 1 000 agents, avec une extension prévue aux contrôleurs. Cela faisait suite à trois années d'expérimentation qui ont permis de montrer une baisse des outrages et de la violence envers les agents. Les polices municipales de Pékin et Moscou sont équipées depuis deux ans de lunettes intelligentes qui intègrent des fonctionnalités de reconnaissance faciale permettant de repérer un individu ou un véhicule suspects. Des lunettes Vuzix Blade, équipées d'une technologie de reconnaissance faciale capable de détecter jusqu'à quinze visages par image vidéo en moins d'une seconde, ont été vendues à la police de Dubaï. Pour fonctionner, le système ne nécessite pas de connexion internet active : les lunettes sont livrées avec un serveur mobile qui tient dans une sacoche et qui fait correspondre les images entrantes avec une base de données contenant un million de visages. Aux Pays-Bas, Vuzix équipe la police de ses lunettes intelligentes pour permettre aux agents d'avoir les mains libres tout en ayant des informations de déplacement ou d'alerte en réalité augmentée. Dur de croire qu'ils n'utiliseront pas les fonctionnalités vidéo à terme...

Si le marché des lunettes intelligentes pour les forces de l'ordre arrive à maturité, celui des particuliers va exploser, passant, selon l'entreprise IDC, de 410 000 unités en 2020 à 24 millions en 2024. Pour le grand public, le plus puissant sur le marché, vendu moins d'un millier d'euros, est déjà capable de filmer des vidéos en 4K à une distance maximale de 8 kilomètres. Dans le même ordre d'idée, Canon a dévoilé une nouvelle caméra robotique appelée PowerShot PICK, à emporter partout avec soi. Mobile sur trois axes et entièrement rotatif, cet appareil d'une dizaine de centimètres de haut est capable de prendre des photos tout seul grâce à un logiciel autonome. Une vidéo promotionnelle montre le PICK utilisé dans diverses circonstances de la vie quotidienne : pour reconnaître des visages et filmer pendant une fête, suivre une personne qui fait du vélo dans sa cour ou encore filmer une personne s'activant dans sa cuisine.

Je fais la prédiction que bientôt des millions de gens filmeront et stockeront la totalité de leur vie, et notamment leurs interactions sociales. Un enseignant d'économie au MIT rapportait en août 2020 qu'un de ses assistants, grâce à deux petites caméras subjectives et un microphone, enregistrait tout ce qu'il faisait. Ils seront de plus en plus nombreux.

L'avant-garde de nos voitures

Filmer en permanence vous paraît une idée saugrenue ? Pourtant nos voitures le font déjà. Des enragés qui se tapent dessus avec une batte ? une chute de météorite ? des animaux sauvages sortis de nulle part ? Les routes russes sont connues dans le monde entier. Comment ? Les automobilistes locaux, pour se prémunir de conditions de circulation difficiles, d'une accidentologie élevée à cause de l'alcool, de fraudes à l'assurance fréquentes et d'une corruption de la police, ont depuis longtemps choisi de filmer et d'enregistrer tout ce qu'ils voient sur la route. Une caméra embarquée, qui coûte généralement autour d'une centaine d'euros, est placée sous le rétroviseur intérieur du véhicule et filme en continu des séquences d'une minute maximum, la dernière sauvegarde écrasant la précédente du fait des limitations de stockage. En cas de freinage ou de choc, mesuré par un accéléromètre, le dernier fichier vidéo est envoyé sur le smartphone de l'utilisateur. En cas de besoin, le conducteur peut aussi sauvegarder manuellement une vidéo, même donc s'il n'a pas été victime d'un événement en particulier ou s'il a juste été le témoin d'un accident. En France, le phénomène est encore modeste. 30 000 caméras embarquées équiperaient actuellement le parc automobile français, mais il devrait s'en vendre 100 000 par an dans les prochaines années, et déjà plusieurs assureurs offrent des réductions substantielles sur les polices d'assurance en cas d'achat de telles caméras. À titre de comparaison, le Royaume-Uni, dont le parc automobile est relativement similaire, compte plus de 1,2 million de caméras embarquées[2] soit 3 % du parc.

C'est 20 % en Australie et même 60 % en Corée du Sud[3]. La Citroën C3, troisième voiture la plus vendue en France, avait fait de sa caméra un argument de vente lors de son lancement en 2016, même si son usage se limite à prendre des vues de paysages. Si le but premier de ces caméras de surveillance de la route et des caméras de conduite est d'améliorer la conduite et de réduire l'accidentologie, elles deviennent de plus en plus des auxiliaires d'un système de surveillance plus large. En 2017, Tesla a demandé aux propriétaires de ses voitures l'autorisation de collecter des vidéos à partir des caméras du pilote automatique afin de nourrir les algorithmes des systèmes Autopilot et Full Self-Driving. Un an plus tard, Tesla a permis aux propriétaires de véhicules équipés de l'assistant de conduite Autopilot d'utiliser les huit caméras de contrôle pour enregistrer des images lorsque leurs voitures sont stationnées, cela afin de dissuader les voleurs. Depuis juin 2020, ces vidéos peuvent être consultées sur l'écran de la voiture. Demain, elles pourront être diffusées en direct. Parce qu'elles opèrent dans un univers professionnel où l'exigence de sécurité est encore plus grande, les flottes de véhicules professionnels (voitures de livraison, de location, taxis ou VTC) sont particulièrement désignées pour être équipées en priorité. Les véhicules de transports publics, notamment les bus, sont de plus en plus équipés de caméras chargées d'assurer le respect du Code de la route. À New York, depuis octobre 2019, plusieurs bus ont été équipés de caméras pour verbaliser les voitures stationnant dans les couloirs qui leur sont réservés. Après 40 000 verbalisations, les résultats ont été spectaculaires puisque la vitesse moyenne des bus a progressé d'un tiers. Dans une version économique, les supports à accrocher au rétroviseur pour y glisser son smartphone et le transformer ainsi en *dashcam* se vendent comme des petits pains sur Internet. Et maintenant ce sont les cyclistes et les motards qui s'équipent de ces outils, notamment pour faire valoir leurs droits en cas d'accrochage. En attendant les piétons.

Nos maisons filmées et filmantes

Nos maisons filment aussi en permanence. Elles sont d'abord filmées avec la multiplication des caméras en intérieur aussi bien qu'en extérieur[4]. 1,2 million de foyers en France seraient équipés de caméras de surveillance. Il s'en vend environ 250 000 à des particuliers chaque année[5]. Alors que le marché de la surveillance du domicile sur Internet n'a qu'une petite dizaine d'années, 8 % des foyers américains, soit 10 millions d'habitations, sont équipés de caméras et de micros. Ils seront 50 millions en 2022[6]. Leur usage se répand tellement vite que le traditionnel vol des panneaux de propagande électorale en soutien de tel ou tel candidat plantés dans les jardins est devenu risqué et un motif croissant de sollicitation des forces de l'ordre. À titre d'anecdote, le *Wall Street Journal* rapportait fin octobre 2020 l'histoire de Brian Moore qui s'était fait voler son panneau à l'effigie de Trump par un groupe d'adolescents. Après que Brian a publié la vidéo en ligne, l'un des pères des adolescents a reconnu son fils et l'a forcé à présenter ses excuses et à rendre le panneau.

L'un des champions du secteur, Ring, spécialisé dans les sonnettes connectées et la vidéosurveillance pour particuliers, a été racheté par Amazon en 2018. Il vient de dévoiler une nouvelle caméra de surveillance sous la forme d'un drone indépendant d'une quinzaine de centimètres. La raison pour laquelle Amazon a créé ce drone ? Des clients qui, une fois partis de chez eux, n'arrivaient pas à se rappeler s'ils avaient laissé une fenêtre ouverte ou non. Lorsqu'un intrus est détecté par le système d'alarme de la marque, le drone se rend sur place pour filmer l'indélicat et envoyer l'image en direct au propriétaire de l'habitation tout en transmettant une sauvegarde sur un serveur externe. Bientôt les adolescents pourront mettre une caméra dans leur chambre pour vérifier que leurs parents n'y entrent pas, et le drone des parents surveillera que leurs enfants ne font pas le mur au milieu de la nuit. L'ubiquité qu'offre la vidéo est si pratique qu'il est difficile de lui résister. La frontière devient alors floue entre surveillance et confort. Je viens d'avoir une petite fille, nous avons résisté au visiophone avec caméra intégrée, mais cela nous coûte des déplacements inutiles au milieu de la nuit. Le premier produit du géant chinois ByteDance, fondateur de l'application TikTok, sur laquelle nous reviendrons, est d'ailleurs une lampe de chevet dotée d'une caméra et d'un écran qui doit permettre aux parents d'aider leurs enfants à faire leurs devoirs à distance.

Ce qui appartient à l'espace privé recule au profit d'un espace public numérique qui absorbe le domicile. Alors que de nombreux films avaient pour scénarios la captation d'images dans les domiciles à l'insu des particuliers, l'habitude de se filmer chez soi augmente. Vous ne pratiquiez qu'avec vos proches les appels FaceTime avec votre intérieur en arrière-plan, mais désormais ouvrir virtuellement son domicile à des tiers n'est plus gênant. Il suffit de voir de quelle manière les gens ont laissé entrer les caméras chez eux avec le télétravail imposé par le confinement. La généralisation des visioconférences a fait que des dizaines de millions de personnes ont montré leur séjour, leur chambre, leur bureau, à des collègues, des clients, des fournisseurs, des élèves, des professeurs. J'en sais quelque chose : je donne un cours à distance pour le semestre d'automne. Je demande que mes étudiants allument leurs caméras. Il ne s'agit pas tant de surveiller leur activité – de toute façon seulement une poignée de profils sur la vingtaine d'étudiants s'affiche dans le logiciel de visioconférence – que de rendre l'exercice moins stérile et plus participatif. Il n'empêche que je me retrouve en quelque sorte chez eux.

Certaines entreprises, pendant les différents confinements, se sont tournées vers la vidéo pour garder la productivité élevée. Un outil comme Sneek crée un mur de visages qui reste allumé tout au long de la journée de travail, avec la photo des salariés mise à jour toutes les cinq minutes. Même Chatroulette, ce site web qui avait la particularité de mettre des internautes en contact deux à deux via webcam de manière aléatoire, et qui en conséquence rassemblait la plus grande collection d'exhibitionnistes du monde, connaît une seconde vie avec les confinements grâce aux progrès de l'intelligence artificielle qui aide à filtrer les images les plus répréhensibles. Son trafic a triplé en 2020. Et dans cette fusion entre espace public et privé, les accidents arrivent. Pensez à ce commentateur du magazine *The New Yorker*, suspendu pour avoir répondu à sa maîtresse au téléphone pendant une réunion avec ses collègues alors qu'il pensait être déconnecté, ou à ce parlementaire argentin surpris en train de déshabiller sa compagne pendant une session virtuelle de la Chambre des députés.

Nos caméras sont tournées vers l'intérieur, mais aussi vers l'extérieur. En cette douce nuit d'automne, sur le campus de Stanford, Robert Wilson, célèbre économiste américain, traverse la route nerveusement en pyjama. Il est deux heures du matin. Il frappe et sonne à la porte, tente désespérément de réveiller son collègue, Paul Milgrom, pour lui annoncer qu'ils ont, tous deux ensemble, remporté le prix Nobel d'économie 2020. Finalement, Milgrom saisit son téléphone et le visiophone lui présente en gros plan la tête de son ami Bob. Ce qui est incroyable, c'est que le visiophone a aussi envoyé la séquence à la femme de Milgrom, alors à Stockholm, à près de 9 000 kilomètres de là. La séquence sera ensuite diffusée publiquement comme la première réaction des deux nominés, bien avant l'arrivée sur place d'une caméra de télévision. Dans un registre beaucoup moins heureux, l'assassinat de l'avocat al-Salmani, qui voulait jouer un rôle dans la politique de son Irak natal, a également été filmé par la caméra de surveillance de son domicile. Sa diffusion a permis d'identifier ses assassins et de les arrêter.

Notre monde est filmé en permanence et l'information capturée circule de plus en plus. L'extension du domaine de la surveillance pousse nos maisons à surveiller l'espace public. Environ 11 millions de foyers américains sont équipés de visiophones, équipement somme toute assez insignifiant, mais qui peut devenir un élément indispensable dans la surveillance. Comme pour les caméras de la Tesla, le glissement de l'usage est spectaculaire, l'un venant non pas pour autant supplanter l'autre mais s'y ajouter. Dans un premier temps ces appareils servaient à connaître le visiteur sonnant à la porte pour ouvrir en toute sécurité, dans un second temps à identifier les gens malintentionnés volant les colis laissés à la porte par les livreurs – ainsi que l'a fait Amazon –, et désormais ils sont aussi devenus des auxiliaires pour la surveillance de l'espace public.

La vidéo partagée au monde entier

Il ne sera évidemment pas possible de stocker l'intégralité des flux vidéo générés par nos lunettes, nos smartphones, nos maisons ou nos voitures. Même avec la compression la plus forte, un seul flux continu de 30 images par seconde d'une résolution de 4K pendant 16 heures par jour représentera 1 pétaoctet (soit 1 million de gigaoctets) de données à la fin de votre vie. Oubliez l'idée de mettre toutes ces données dans un serveur décentralisé. Le forfait à 30 To de Google étant commercialisé à 150 euros par mois, à votre mort le coût cumulé de l'abonnement vous aura coûté pas moins de 5,2 millions d'euros. Si vous vous tournez vers les bons vieux disques durs externes, vous remplirez un disque dur classique de 8 To par semestre. À raison de 150 euros par disque, il vous faudra compter sur une vingtaine de milliers d'euros pour stocker votre vie. Retour à l'ère des cassettes VHS, avec les petites bandes autocollantes pour distinguer l'hiver 2032 de l'été 2054. C'est sans compter les progrès de la technologie. Les premiers disques durs de 100 To ont été vendus dans le commerce pour 36 000 euros. Le coût du stockage a été divisé par quatre entre 2010 et 2020.

Le stockage n'est même plus la destination prioritaire des vidéos enregistrées. En réalité, stocker ses photos et vidéos est un exercice d'accumulation un peu vain. Qui prend réellement le temps de les regarder seul, et plus encore en groupe ? Il faut que les algorithmes viennent célébrer l'anniversaire de ces clichés, vous rappelant ce que vous avez enregistré il y a un, deux, cinq ou dix ans. Les vidéos sont de plus en plus partagées. Vous connaissez YouTube ? Eh bien sachez que le temps que vous lisiez ce paragraphe, soit une petite minute, près de 500 heures de vidéo y ont été chargées. Votre adolescent vous a peut-être parlé de TikTok ? Eh bien l'application phare du chinois ByteDance incarne ce triomphe du partage de la vidéo, écrasant les autres réseaux sociaux qui reposaient sur le texte et l'image. En trois ans, ce réseau social de partage de courtes vidéos de quinze secondes à une minute a attiré plus de 800 millions d'utilisateurs actifs dont 450 millions en Chine. Un Américain sur deux entre 18 et 29 ans a un compte TikTok. En dépit des avertissements sur les risques d'utilisation de la vidéo, son usage ne cesse de se répandre, notamment la pornodivulgation (le fait de prendre ou diffuser des images nues ou à caractère sexuel sans consentement). Selon une étude de l'institut de criminalité australien, en Australie, au Royaume-Uni et en Nouvelle-Zélande, plus d'une personne sur trois a été victime de tels abus contre une sur cinq en 2016, les taux étant similaires dans les trois pays. Pourtant, près de la moitié des répondants ont déclaré avoir participé à des envois volontaires d'image de soi à caractère sexuel. La viralité des usages est impressionnante, car 60 % de ceux qui ont volontairement partagé des images ont déclaré s'être sentis obligés de les partager. Ce qui est sidérant, c'est la pression collective qui s'exerce en faveur de la diffusion, même pour des usages perçus comme risqués. Ce qui vaut pour la pornodivulgation vaut pour l'ensemble des autres usages : refuser de partager sa vie en images ou en vidéo revient à se mettre en dehors de la société.

L'autre usage en pleine expansion concerne la diffusion en temps réel. Plutôt que d'attendre le soir pour visionner un récapitulatif des gens qui sont passés devant sa maison, autant mettre en ligne ce qui est filmé. Avec un peu de chance, un curieux passera sur le site internet diffusant les images en direct et regardera. Bien qu'ayant vingt-deux ans, le film *The Truman Show* a vraiment vieilli. Il raconte la vie de Truman Burbank, incarné par Jim Carrey, qui mène une vie paisible dans la station balnéaire idyllique de Seahaven jusqu'à ce qu'il réalise qu'il est, à son insu et depuis sa naissance, la star de la plus grande émission de téléréalité de tous les temps. Trompé par ses proches qui sont en fait des acteurs, il décide de quitter l'immense studio où il est retenu prisonnier. Aujourd'hui, Truman Burbank serait ravi d'exposer sa vie en permanence. Selon Jim Carrey lui-même, il se serait retrouvé tout seul à l'extérieur du studio, car tout le monde aurait voulu être dans le show. Plus des deux tiers des 18-34 ans aux États-Unis regardent régulièrement des contenus vidéo diffusés en direct, ce qu'on appelle le *live stream.* Cette activité représentera bientôt près de 20 % du trafic internet. Avec l'amélioration de la vitesse de connexion, la diffusion en direct est devenue un phénomène culturel en Chine, transformant le divertissement en ligne. Entre 21 et 22 heures, 8 % des internautes chinois, soit 70 millions de personnes, suivent ou participent à un *live stream.* Celui-ci a d'abord été popularisé par certains influenceurs des réseaux sociaux, joueurs de jeux vidéo, chanteurs et autres, qui se sont rendu compte que ce qu'ils perdaient en qualité de prise de vue était largement compensé par le caractère authentique de la vidéo. L'engagement des fans est en effet quatre à cinq fois supérieur. La moitié des spectateurs chinois de vidéos en direct les commenteraient. Cet exercice a été largement répandu pendant le confinement, avec des musiciens jouant leur dernier tube, des cuisiniers préparant des recettes sous nos yeux gourmands, ou des professeurs de yoga délivrant leur cours quotidien. À Pékin, plus de 1 500 restaurants ont proposé des émissions de cuisine en direct sur les deux plateformes de plats à emporter en ligne, Ele.me et Star.Ele. En Chine, le téléachat a été remis au goût du jour avec des vendeurs sur réseaux sociaux proposant tel ou tel produit tout en en faisant la critique. Mais ce qui était l'apanage de célébrités avec leur base de fans est devenu une pratique de communication entre les internautes eux-mêmes.

Le *live stream* ne concerne plus seulement des célébrités, mais aussi d'illustres inconnus qui utilisent leur téléphone pour diffuser leurs repas, des monologues candides sur le sens de la vie, et des tutoriels sur des sujets tels que le maquillage et la reconstruction de voitures. Le site City Walks propose des balades filmées en temps réel dans les rues de différentes villes du monde. À l'heure où j'écris, des habitants de Bangkok, Salzbourg et Fuzhou s'apprêtent à montrer au reste du monde leur ville comme ils la voient. S'ils peuvent encore choisir les séquences qu'ils diffusent, ce n'est pas le cas de tous. Le principe d'une téléréalité géante prend forme. Dans les couloirs du lycée n° 1 de Yuzhou, dans le centre de la Chine, dès que la première cloche sonne quelques minutes avant 7 heures, les caméras s'allument pour diffuser en direct les élèves prenant place à leur bureau, résolvant des équations, se reposant à l'intercours. Ainsi des milliers de personnes, bien au-delà du cercle des parents ou du corps enseignant, peuvent regarder en ligne et commenter, scrutant les faits et gestes, comme l'utilisation des smartphones. Ce lycée n'est qu'un établissement parmi des milliers, de la maternelle au lycée, aussi bien publics que privés, qui installent des webcams dans les salles de classe et diffusent en direct sur des sites web ouverts au public. Des fabricants de caméras les équipent même gratuitement afin de faire connaître leurs produits. Le pari des directeurs d'établissement est que la pression exercée par des observateurs extérieurs conduira à plus d'émulation. Mais pour les parents, notamment les travailleurs migrants partis rejoindre les grandes métropoles, laissant leurs enfants à la campagne, ces caméras sont aussi une façon de garder le lien.

Bien plus proche de chez nous, à Paris, dans la célèbre école 42, école de programmation informatique gratuite et ouverte à tous, l'usage de la vidéo avait été généralisé. Soixante caméras filmaient en effet en permanence les espaces de travail des étudiants, les bureaux dédiés au personnel administratif ainsi que des lieux de vie telle que la cafétéria. Tout le monde, étudiants comme enseignants et personnel administratif, avait accès en direct aux images. L'école étant grande, et l'enseignement se faisant par échanges collaboratifs entre élèves et tuteurs, elles servaient à se retrouver. Cette micro-société a été brisée par la CNIL qui, en 2018, a demandé de réduire le nombre de caméras, de les orienter uniquement vers des lieux de passage, et a interdit l'accès aux étudiants.

Il existe des dizaines de plateformes de diffusion en direct en Chine. Shuidi, propriété du géant de la sécurité Qihoo 360 Technology Company, fabricant de caméras, a longtemps été la plus populaire. Parce qu'elle était gratuite, elle était utilisée par de nombreux restaurants pour diffuser des images de leur intérieur, en salle comme en cuisine, en tant qu'outil promotionnel. En 2017, Qihoo a mis un terme à sa plateforme, qui impliquait des coûts de fonctionnement importants sans revenus associés, et qui attirait les foudres des consommateurs filmés à leur insu.

Nous vivons l'aboutissement d'un processus long d'enregistrement du monde. En fouillant dans les archives de mon épouse, nous sommes tombés sur un film tourné par son grand-oncle à Vienne en 1936 avec une Ciné-Kodak. En plein Anschluss, on y voit des soldats allemands traverser une rue. Aujourd'hui on capte en direct, et plein d'événements dont nous n'aurions jamais eu connaissance parce qu'ils se seraient limités aux témoins directs – ou peut-être auraient accédé à la presse, mais a posteriori – deviennent visibles. Il est amusant de voir ce qui ne devrait pas être vu. Les voitures de Google cartographiant les rues pour l'application Google Street sont réputées pour leurs prises de vues d'actes parfois saugrenus. Les messages invitant à aller voir sur le parking de telle zone industrielle parce que la voiture y avait capturé un couple en plein ébat se répandaient rapidement, obligeant Google à flouter a posteriori ces images, et surtout la plaque des malheureux. Mais ce qui était de l'ordre du hasard ou de la malchance – selon qu'on est derrière ou devant l'objectif – sera demain la permanence. Les médias chinois ne cessent déjà de diffuser des extraits de caméras de surveillance glorifiant des actes héroïques : tel citoyen secourant un enfant sur la route, tel chauffeur de bus qui, giflé, se retourne contre son agresseur et l'éjecte du véhicule, telle opération des forces de l'ordre contre un trafic de drogue, filmée depuis un drone. En décembre 2020, un pompier volontaire qui n'était pas en service est entré dans un restaurant vidé de ses clients pour y éteindre un feu de cuisine. En utilisant les caméras de surveillance présentes dans le magasin, l'agence de presse Xinhua a pu en faire un film, montrant la scène sous pas moins de quatre plans différents. Un studio hollywoodien n'aurait pas fait mieux.

On peut toutefois se noyer dans l'abondance. Des agrégateurs de flux caméra vous permettront, contre un paiement ou un abonnement, d'accéder à des millions, si ce n'est à des milliards, de caméras en direct. Ce ne sont pas seulement les forces de l'ordre qui auront accès aux flux vidéo, mais nous tous, qui pourrons visionner le monde partout, tout le temps. Ces plateformes fonctionneront-elles sur un modèle décentralisé où l'accès sera, ou sur un modèle centralisé où la curation, autrement dit la capacité à mettre en avant tel ou tel contenu, jouera un rôle crucial ? C'est une question essentielle, et on pourrait imaginer ces plateformes de diffusion gérées comme un service public. Pour faire fonctionner cette économie, il y aura les flux vidéo mis en ligne gratuitement, simplement pour montrer sa vie, et il y aura ceux qui seront diffusés moyennant finance. Les séquences les plus intéressantes, repérées par des algorithmes, seront sauvegardées. Et parce qu'il n'est pas rare de voir ressortir des vidéos anciennes dont les propos sortis du contexte immédiat suscitent la polémique, la datation des flux des vidéos est une absolue nécessité. Dans cet immense fleuve de vidéos, nul ne peut douter que seront charriés aussi bien des pépites que des détritus, reposant les questions de la modération des contenus, tant pour éviter leur caractère offensant que leur fausseté. On pourrait craindre la montée des *deepfakes*, ces fausses images produites par des logiciels comme DeepNude, qui permet pour 50 dollars de télécharger une photo d'une femme vêtue et de récupérer une photo d'elle apparemment nue, ou, dans un registre moins sordide, MyHeritage, permettant d'animer les visages de personnes sur des photographies anciennes. Il y a fort à parier que les gens vont de moins en moins croire à une image isolée, facilement falsifiable. Il est plus dur de faire mentir toute une vidéo. Et quasiment impossible de manipuler deux vidéos, sans parler d'une multitude de points de vue. Une même scène filmée par plusieurs caméras pourrait alors bénéficier d'une fiabilité supérieure. Les algorithmes intelligents de détection de *deepfakes* auront un rôle à jouer. De plus, il manquait jusqu'à présent d'un cadre légal pour lutter contre ces vidéos truquées, mais les législations pénalisant la production ou la diffusion de tels contenus se multiplient. Le risque reste que, dans la compétition croissante pour l'attention, les contenus les plus extrêmes soient les plus viraux. Et si ces contenus sont en direct, ils ne pourront pas être contrôlés a priori, mais quasi immédiatement. C'est pour cela que le *live streaming* est chéri des terroristes. Dans cette course contre la montre, il faut compter sur des algorithmes intelligents – qui feront inévitablement des erreurs – et sur les signalements de la part des utilisateurs. Le massacre des fidèles de la mosquée de Christchurch, en Nouvelle-Zélande, en mars 2019, a ainsi été diffusé en direct sur Facebook, et elle est restée en ligne pendant des heures. Le premier signalement de la vidéo n'a été réalisé que douze minutes après la fin de la vidéo. Néanmoins la provocation ne permet qu'un seul coup. Une fois que vous faites le buzz avec le comportement le plus choquant, vous êtes directement identifié et sanctionné, du point de vue du droit ou de la morale. Inversement, la mise sur la place publique peut amener à l'autocontrôle et à la censure. Même si le cours de Samuel Paty, prélude à son ignoble assassinat, n'a été que rapporté et n'a pas été filmé, l'épisode reste en mémoire chez les enseignants. Plus l'enseignement à distance complétera l'enseignement physique, plus on courra le risque de voir se répandre des extraits vidéo de réflexions tranchantes visant à marquer les esprits – et qui devrait rester à l'abri des murs d'une classe –, extraits assortis, à l'heure de la *cancel culture*, d'un festival d'indignations. Déjà près de la moitié des Américains déclarent ne pas se sentir libres de dévoiler publiquement leurs opinions politiques alors qu'ils étaient à peine plus d'un quart au début des années 2010. La protection anti-enregistrement en direct de certains événements physiques sera alors une nécessité.

Des logiciels accessibles à tous

Même si les progrès technologiques de stockage devaient subitement cesser, les logiciels feront les choix pour nous. Nul doute que filmer son trajet quotidien entre son domicile et son lieu de travail risque de se révéler ennuyeux. Les logiciels seront là pour sélectionner les meilleurs moments. Dès 2016, aux États-Unis, le leader mondial des caméras thermiques FLIR avait proposé l'une des solutions, BriefCam ou RapidRecap, pour ses systèmes de surveillance privée. Elle offrait à des particuliers de visionner en une minute la journée écoulée chez eux, leur permettant de vérifier l'activité de leur prestataires sur un chantier, les personnes travaillant dans la maison, les allées et venues de leur animal domestique. Beaucoup de caméras sont également dotées d'un détecteur de mouvement, qui n'active l'enregistrement qu'en présence d'une personne ou d'un animal. Du côté des logiciels de reconnaissance d'images, si vous ne l'avez pas déjà fait, utilisez Google Lens pour obtenir des informations supplémentaires sur les objets passés devant votre smartphone : couverture de livre, objets de décoration, paire de chaussures, etc. Pour les possesseurs d'iPhone, vous avez déjà dû recevoir les propositions d'albums photo automatiquement générés par le logiciel, les regroupant par catégories : nourriture, piscine, nourrissons, etc.

À l'échelle individuelle, les citoyens auront de plus en plus accès à un armement logiciel identique à celui des forces de l'ordre. La reconnaissance faciale est sur le point de devenir un élément important des caméras de surveillance du domicile. Elle se substitue aux clés pour accéder à une maison, remplaçant l'obsolète Vigik. Elle peut aussi détecter la température corporelle, et donc la fièvre. Et d'autres paramétrages seront possibles. Un certain nombre de profils sont enregistrés et stockés, puis comparés à distance avec le flux vidéo de la caméra. Cette fonctionnalité pourrait donc être utilisée pour la surveillance demain. Les logiciels de reconnaissance faciale sont souvent construits sur des standards *open source* et leur usage se diffuse. Après l'assaut du Capitole à Washington, le 6 janvier 2021, le *Washington Post* a utilisé un logiciel de reconnaissance faciale différenciant les visages afin de compter le nombre d'individus ayant pénétré à l'intérieur du bâtiment. Mais des citoyens sont allés beaucoup plus loin en utilisant le site web polonais PimEyes, un outil de recherche « d'image inversée » pour les visages, c'est-à-dire capable de retrouver, dans l'immense base de données qu'est Internet, un visage à partir d'une seule photo. Plusieurs dizaines d'assaillants ont été ainsi repérés, et leurs noms confiés aux autorités. Quelques mois plus tôt, le logiciel avait servi à identifier un homme à la suite de heurts entre manifestants aux États-Unis, lors du mouvement Black Lives Matter. Une fois qu'il a été identifié, les manifestants ont fait pression sur son employeur pour mettre fin à son contrat de travail. Les fondateurs de PimEyes considèrent que « la technologie de reconnaissance faciale devrait être disponible pour tout le monde, pas seulement pour les gouvernements, les entreprises ou les plus riches[7] ». En juillet 2020, le Parlement européen a discuté de la légalité de PimEyes, un député réclamant un moratoire sur l'outil. Conséquence : la société a déménagé aux Seychelles, d'où elle poursuit son activité.

Concernant les lunettes virtuelles, il faut connaître l'histoire de Hoan Ton-That, un informaticien australien, qui a conçu en 2017 un outil révolutionnaire qui limitera notre capacité à marcher dans la rue de manière anonyme. Son entreprise, Clearview AI, a constitué une base de données de plus de trois milliards d'images, extraites – le plus souvent sans le consentement des utilisateurs – de Facebook, YouTube, LinkedIn, Twitter, Instagram, Venmo et de millions d'autres sites web. À titre de comparaison, la base de données du FBI, qui extrait des photos de passeports et de permis de conduire, est la deuxième du monde en importance avec 641 millions de visages. Vous pouvez comparer n'importe quelle photo que vous prenez avec cette base de données, et ainsi obtenir une identification. D'après une enquête menée par le *New York Times*, le logiciel de Clearview est déjà prêt à être associé à des lunettes de réalité augmentée. Ainsi les utilisateurs pourraient potentiellement identifier chaque personne qu'ils croisent : ces militants aperçus lors d'une manifestation, ou ce bel inconnu assis en face dans le métro. Outre les nom et prénom, d'autres données personnelles disponibles sur Internet sont attachées à certains profils. En février 2019, la police de l'État de l'Indiana a commencé à expérimenter Clearview. En vingt minutes, ils ont résolu une fusillade qu'un spectateur avait enregistrée grâce à son téléphone. Alors que le tireur n'avait pas de permis de conduire et n'avait pas été arrêté à l'âge adulte, échappant ainsi aux bases gouvernementales, il était apparu dans une vidéo sur les réseaux sociaux et son nom avait été mentionné dans les commentaires. Aujourd'hui, plus de 2 400 services de police ont conclu des contrats avec Clearview, la licence individuelle coûtant 2 000 dollars par an. Comme clientèle, l'entreprise se concentre principalement sur les forces de l'ordre, mais il ne fait aucun doute qu'une version à destination des particuliers, l'ambition initiale, arrivera un jour ou l'autre sur le marché. Parce que chaque avancée suscite une réaction en retour, des chercheurs de l'université de Chicago ont créé un logiciel, Fawkes, qui permet d'altérer légèrement les photos de profil que vous postez sur les réseaux sociaux de façon à tromper les algorithmes de reconnaissance faciale comme Clearview et éviter qu'il ne vous retrouve.

Dans un autre registre, la baisse des coûts de l'imagerie satellitaire en a fait un outil quotidien pour les investigations citoyennes. Ainsi Human Rights Watch a utilisé des photos satellites pour recenser les prisons construites dans le Xinjiang. Baidu Maps place un carré gris sur les zones sensibles, ce qui permet de repérer les endroits où chercher. Dans le même ordre d'idée, en 2018 une société de cartographie russe a masqué les sites d'opérations militaires sensibles en Turquie et en Israël, révélant par inadvertance leur existence et incitant les internautes à les localiser sur d'autres cartes *open source*.

L'équilibre des pouvoirs

Étymologiquement, le terme « contrôle » est issu du latin médiéval. Le *rotulus* était un rouleau de papier qui contenait des écrits officiels, comme la liste des militaires qui se faisaient enrôler, autrement dit, qui se faisaient inscrire « au rôle ». Le contrôle consistait à placer deux rouleaux l'un contre l'autre pour vérifier leur concordance. De nos jours, et de la part d'une autorité, il revient à vérifier quelque chose par rapport à un document officiel. On peut à ce titre citer le contrôle sanitaire, le contrôle technique des véhicules, le contrôle aérien, etc. Le contrôle a pris aussi, et plus tard, le sens de « maîtrise » : quelque chose qui serait naturellement tenté de déborder et qu'il faudrait en permanence freiner. En ce sens, c'est collectivement le contrôle des naissances ou le contrôle des prix, c'est individuellement le contrôle de soi ou le contrôle d'un véhicule. Mais en ce second sens le contrôle est mutuel. Il est également exercé par les gouvernés sur les gouvernants, ou par des organes indépendants au sein des institutions.

Le nouveau pouvoir des citoyens

L'affaire Michel Zecler illustre parfaitement un rapport de force désormais équilibré entre les institutions et les citoyens grâce à la vidéo. Le soir du 21 novembre 2020, vers 19 h 40, durant le deuxième confinement sanitaire en France, le producteur de rap Michel Zecler regagne à pied son studio d'enregistrement situé dans le XVIIe arrondissement de Paris. Deux agents de la police nationale l'interpellent pour défaut de port de masque dans la rue, puis, rejoints par un troisième, ils pénètrent dans le studio d'enregistrement, considérant qu'ils font face à une attitude de rébellion de la part du producteur. Leur version des faits est mise en cause par les images de la caméra de surveillance du bâtiment et par des vidéos amateur de témoins. Elles montrent un usage disproportionné de la force face au producteur qui ne résiste pas. Michel Zecler avait, dans un premier temps, été placé en garde à vue pour violences sur personne dépositaire de l'autorité publique et rébellion, mais l'enquête a été classée sans suite après la consultation par les autorités judiciaires des différentes vidéos.

Aujourd'hui, une grande majorité de la population a la possibilité d'enregistrer et de partager instantanément des vidéos haute définition. Les caméras des smartphones permettent de documenter des situations vécues comme injustes et de les partager avec un public qui n'en aurait jamais entendu parler autrement. En 1991, George Holliday a dû utiliser un équipement dédié, une Sony Handycam, pour filmer des policiers battant Rodney King à Los Angeles. En 2020, à l'aide de son iPhone doté d'un zoom optique 2×, Darnella

Frazier a capturé les derniers halètements de George Floyd étranglé par un policier à Minneapolis. L'ubiquité des smartphones et la diffusion en direct – le *live streaming* évoqué plus haut – rendent les personnes qui filment moins susceptibles d'être harcelées par celles qui voudraient couvrir un incident. C'est donc à la fois l'adoption et l'usage de la caméra qui se diffusent. Il suffit de constater la montée en puissance des citoyens journalistes. Images hallucinantes de manifestations où chaque policier est encerclé par une nuée de photographes en transe, casques sur la tête, sigles « Press » collés, reporters en herbe pensant se disputer le prix Bayeux Calvados-Normandie des correspondants de guerre... La pire image ayant été sans nul doute celle de ce policier lynché par quinze personnes pendant que quinze autres filmaient...

Au-delà de l'enregistrement et de la diffusion des images, la question est celle de l'identification des forces de l'ordre. Aux États-Unis, des badges nominatifs existent dans de nombreuses polices municipales. Ils ont parfois été remplacés par des numéros d'identification lors de manifestations pour éliminer la publication d'informations personnelles sur ces agents, le *doxing*. En France, ce mouvement a été plus lent. Le référentiel des identités et de l'organisation (RIO), un numéro d'identification à sept chiffres, doit obligatoirement être porté par les policiers et les gendarmes, et ce depuis le 1er janvier 2014. Le port du RIO est inscrit dans le code de déontologie de la police nationale et de la gendarmerie, et il est bien spécifié que tout manquement expose à des sanctions disciplinaires. Lors du mouvement des gilets jaunes, ou dans des vidéos plus récentes, des policiers ont été filmés sans leur RIO visible. Aux

États-Unis, des groupes d'individus ou des organes de presse ont tenté d'identifier les policiers dans des vidéos de violence policière en s'appuyant sur la foule des réseaux sociaux, que ce soit ProPublica ou encore le groupe Lucy Parsons Lab avec sa base de données OpenOversight reliant des noms et numéros de badge à plus de 1 000 photos de la police de Chicago. En France, le site Copwatch associait régulièrement noms et prénoms à des photos de policiers jusqu'à ce qu'il soit interdit par justice en 2011.

Mais au-delà de l'identification humaine, les citoyens ont accès à des outils technologiques de plus en plus perfectionnés. À Portland, Christopher Howell, un codeur autodidacte estimant avoir été gazé inutilement lors d'une manifestation, a développé un outil de reconnaissance faciale pour identifier les policiers. Il n'est pas le premier. L'année précédente, Colin Cheung, un manifestant à Hong Kong, avait développé un outil pour identifier les policiers à l'aide de photos d'eux en ligne. Après avoir publié une vidéo de son projet sur Facebook, il a été arrêté et a abandonné son travail. Si de nombreux policiers du monde entier se couvrent le visage, entièrement ou en partie, Andrew Maximov, un citoyen biélorusse installé aux États-Unis, a montré comment la technologie de la reconnaissance faciale pouvait être utilisée pour enlever numériquement les masques.

Ce mouvement montre l'abaissement des coûts d'accès à cette technologie grâce à des modèles d'apprentissage automatique disponibles en ligne. C'est le cas de TensorFlow de Google qu'utilise Christopher Howell. La principale difficulté est l'obtention d'images de qualité pour la base de données. Christopher Howell a rassemblé des milliers d'images d'agents de police de Portland à partir d'articles de presse et de médias sociaux, et après avoir trouvé leur nom sur les sites web de la ville. Il pense avoir couvert ainsi 20 % des forces de police de Portland. En France, l'artiste Paolo Cirio a mis en ligne 4 000 photos de visages de policiers pour une exposition intitulée « Capture », qu'il a décrite comme la première étape du développement d'une application de reconnaissance faciale. Il a rassemblé les visages à partir d'un millier de photos recueillies sur Internet auprès de photographes qui avaient assisté à des manifestations en France. L'exposition a été déprogrammée, le ministre de l'Intérieur Gérald Darmanin y étant explicitement hostile. Quelques semaines plus tôt, celui-ci avait reconnu que, si personne ne pouvait empêcher les gens de filmer, il souhaitait toutefois protéger l'identité des forces de l'ordre en obligeant les chaînes de télévision et les réseaux sociaux à flouter les visages des policiers. Finalement, l'article 24-1 de la proposition de loi sur la « sécurité globale », qui a fait couler beaucoup d'encre en tant qu'atteinte prétendue à la liberté d'expression, propose de punir d'un an de prison et de 45 000 euros d'amende le fait de diffuser l'image du visage ou tout autre élément d'identification – le RIO n'est pas concerné – d'un policier ou gendarme en opération, lorsque cette diffusion a pour but de porter atteinte à son intégrité physique ou psychique.

L'État doit produire des preuves

L'État ne sera plus jamais le seul producteur du récit. Il faut qu'il accepte cette blessure narcissique pour en produire de manière systématique. Si sa parole ne vaut désormais pas plus que celle du citoyen, voire s'il est perpétuellement en situation de défendeur, il lui faut des éléments pour prouver ce qu'il dit.

Or l'époque semble être à la contestation des interventions policières. En effet, le nombre de recours de personnes s'estimant victimes d'un manquement à la déontologie policière est passé de 20 en 2020 – première année d'activité de la Commission nationale de déontologie de la sécurité (CNDS) –, à 1957 en 2019 – auprès du Défenseur des droits (suite à la dissolution de la CNDS en 2011 et au transfert de ses missions au Défenseur des droits). Mais si on regarde de plus près, cette évolution reflète d'abord et avant tout la modification des conditions de la saisine, qui a permis à toute personne de saisir directement le Défenseur des droits sans s'adresser au préalable à un parlementaire, comme c'était le cas au temps de la CNDS. De plus, l'effondrement du taux des atteintes avérées à la déontologie parmi les dossiers instruits, passé de 49 % à 11 % entre 2010 et 2019, témoigne moins d'une progression significative des manquements que d'une contestation croissante de la légitimité d'intervention. Le discours sur les violences policières est un véritable miroir grossissant. Depuis 2018, l'inspection générale de la police nationale rend public le nombre de morts et blessés graves lors des interventions policières et fait le bilan des enquêtes disciplinaires menées en interne. Ces chiffres, respectivement de 17 morts et 119 blessés – dont une partie importante est liée uniquement aux comportements des personnes concernées (suicide, accident, overdose, etc.) – occupent aujourd'hui une très large partie de l'espace médiatique lié à la sécurité, occultant l'ensemble des dizaines de milliers d'interventions se déroulant paisiblement.

L'engagement pris par Emmanuel Macron, lors de son interview du 14-Juillet, en 2019, d'une généralisation des caméras piéton doit permettre, selon ses mots, de « retracer la vérité des faits qui permettent de protéger, de rétablir la confiance entre la population et la police ». Valentin, un ami d'ami, brigadier, que j'ai rencontré au cours d'une soirée, est d'accord. Il m'assure que la caméra piéton est le seul moyen de clarifier clairement une intervention, qu'elle soit une interpellation ou une perquisition, avec des images et un dialogue des faits. Pour cela, il faut généraliser les caméras avec une autonomie suffisante. D'après lui, cela permettra aux victimes d'obtenir plus rapidement gain de cause et aux agents injustement accusés de rétablir la vérité. Car le sentiment d'illégitimité de l'intervention peut aussi recouvrir de vraies tentatives de manipulation. La veille du réveillon, en gare Saint-Lazare à Paris, des policiers vérifient que les masques sont bien sur tous les visages. Un homme apparaît, protection chirurgicale sous le menton, filmant et narguant les agents. L'échange se tend. Il insulte et menace les fonctionnaires. Une fois menotté, il se frappe la tête contre un mur afin de faire croire à des violences policières. Heureusement, en l'absence de caméras piéton, l'un des policiers avait eu la présence d'esprit de filmer la scène avec son smartphone. Le prévenu a été condamné pour dénonciation mensongère. En attendant des caméras dotées d'une meilleure autonomie, les caméras piéton actuelles seront adéquates pour des patrouilles et des contrôles d'identité, mais atteindront leurs limites dans le cadre d'opérations de maintien de l'ordre. Pour aller dans le sens de Valentin, il a été constaté au Royaume-Uni que les caméras piéton réduisaient le nombre de plaintes des citoyens concernant les interactions avec la police[8]. Pour que cette mesure soit efficace et permette d'atteindre un équilibre entre producteurs concurrents du récit, il faut que les forces de l'ordre puissent diffuser les vidéos qu'elles enregistrent. En septembre 2020, venu clôturer le IXe congrès de l'UNSA Police, le ministre de l'Intérieur s'est montré favorable à la diffusion des vidéos réalisées par la police. Mais une telle disposition est absente de la loi sécurité globale. Actuellement ces vidéos sont horodatées, localisées, et le porteur de la caméra identifié. Elles sont conservées six mois, plus longtemps en cas de procédure administrative ou judiciaire, et leur consultation est réservée à des agents habilités.

Dans la procédure pénale, la caméra a fait une entrée fracassante. C'était en 2007. Suite au fiasco judiciaire de l'affaire d'Outreau, le législateur a souhaité rendre possible, par la consultation des enregistrements audiovisuels, la vérification des propos retranscrits dans les procès-verbaux d'audition ou d'interrogatoire des personnes suspectées d'avoir commis un crime. Depuis lors, en application des articles 64-1 et 116-1 du Code de procédure pénale, doivent faire l'objet d'un enregistrement audiovisuel obligatoire en matière criminelle les auditions des personnes placées en garde à vue, ainsi que les interrogatoires des personnes mises en examen réalisés dans le cabinet du juge d'instruction, y compris l'interrogatoire de première comparution et les confrontations. Aujourd'hui, certains magistrats plaident pour une diffusion vidéo des procès. En fait, à l'heure de la critique de l'autorité et de la remise en cause des experts, toutes les interactions entre l'administration et ses usagers vont devoir être objectivées, rendues plus neutres. Et cela bien au-delà de la force publique et de la justice. Au Royaume-Uni, en plus des policiers, les caméras corporelles sont utilisées par les gardiens de prison, les agents de surveillance du stationnement, les agents de patrouille aux passages à niveau, et même certains membres du personnel hospitalier. Trois écoles du pays expérimentent des caméras corporelles portées par les enseignants, configurées pour filmer en permanence, mais ne sauvegardant des images cryptées que lorsque le bouton d'enregistrement est enfoncé. Ces caméras pourraient être utilisées pour fournir des preuves dans le cadre de mesures disciplinaires, et les images pourraient également être partagées avec les parents pour davantage les impliquer. Les réactions des parents et des enseignants concernés ont été jugées positives, ces derniers les considérant comme un moyen efficace de dissuasion. Un sondage national avait montré qu'un tiers des enseignants était disposé à porter une caméra corporelle dans la salle de classe, deux tiers déclarant qu'ils se sentiraient plus en sécurité dans la classe s'ils savaient qu'une caméra enregistrait tout. Pas étonnant à l'heure où se multiplient les agressions d'enseignants par des élèves – voire par certains parents – filmées parfois par les protagonistes eux-mêmes.

PARTIE 3

De la contestation à l'enrôlement des citoyens

Nous n'avons rien à faire : la technologie nous est apportée sur un plateau. La question n'est donc plus « pourra-t-on ? », mais « voudra-t-on ? » Voudra-t-on s'en servir ? Ce « voudra-t-on ? » n'implique pas une majorité de la population, mais simplement une minorité, qui fera avancer le reste en cascade. Idéalisme et réalisme s'affrontent. Parce que la masse d'informations augmente constamment, il y a fort à parier qu'il n'y aura jamais plus de confidentialité. On peut déterminer par des lois ce qui est légal, mais on ne peut pas interdire la technologie. Dans ces conditions, la position idéaliste risque d'être rapidement débordée par des citoyens mieux équipés en appareils de captation d'images et en logiciels de traitement. Certes on parlera de l'importance attachée au respect de la vie privée. Les plus rétrogrades – j'en ferai partie – jureront que c'était mieux avant. Mais la minorité des utilisateurs précoces fera boule de neige. La masse y verra quelque chose d'utile. Et puis le voyeurisme est une maladie contagieuse. Pourquoi me retenir de filmer mon voisin s'il le fait ? Comment éviter que mon congénère ait, lui seul, la mémoire de notre rencontre ? Si elle est amicale, je veux moi aussi mon souvenir. Si elle est conflictuelle, je veux moi aussi ma preuve de l'incident. Dans cette situation, les États qui refuseront d'accepter la diffusion de ces technologies risquent fortement de subir la colère de leurs citoyens. La tentation sera alors de faire de nous des auxiliaires plutôt que de s'opposer à ce mouvement d'adoption.

Un tir de barrage circonstanciel contre la reconnaissance faciale

Les technologies de vidéosurveillance se sont répandues extrêmement vite et avec peu de contestation, au point que des chercheurs parlent de consensus de la surveillance. Néanmoins certaines de ces technologies suscitent des interrogations et, parmi elles, la reconnaissance faciale concentre toutes les critiques. Le débat le plus intense a lieu aux États-Unis. L'Europe, à l'exception du Royaume-Uni, est sans doute le continent le plus restrictif. Début 2020, un document de recherche de la Commission européenne a fuité, montrant qu'était en réflexion un moratoire de cinq ans sur l'utilisation de la reconnaissance faciale dans les espaces publics. À l'inverse, l'Asie est sans doute le continent le plus permissif. C'est donc essentiellement aux États-Unis que se dessine le clivage le plus virulent. La Californie, dont la législation sert souvent de modèle pour une loi fédérale, a adopté en juin 2018 le California Consumer Privacy Act (CCPA), entré en vigueur le 1er janvier 2020. Ce texte vise le droit à la vie privée. Il permet aux consommateurs de savoir quelles données personnelles sont collectées à leur sujet, de savoir si elles sont commercialisées, de refuser cette collecte, d'exiger leur suppression, et de protéger des discriminations qui pourraient leur être liées. En cela, il est l'équivalent du règlement européen d'avril 2016 relatif à la protection des personnes physiques à l'égard du traitement des données à caractère personnel, dit RGPD. Les données biométriques permettant la reconnaissance faciale tombent en plein dans ce champ. Elles sont définies comme des données sensibles pour lesquelles le principe général est l'interdiction. Les exceptions concernent le cas où la personne concernée a donné son consentement, lorsque le traitement est nécessaire pour des motifs d'intérêt public important, et où les données ont manifestement été rendues publiques par la personne concernée. L'interdiction a été rendue encore plus explicite avec une loi, adoptée en 2019, interdisant pour trois ans l'usage de logiciels de reconnaissance faciale en lien avec les caméras subjectives portées par les forces de l'ordre.

Pour revenir aux États-Unis, avec le CCPA, l'État de Californie rejoint les États de Washington, de l'Illinois et du Texas dans la protection formelle des données biométriques. La loi de l'Illinois a déjà servi de bouclier dans plusieurs affaires parajudiciaires importantes. Dans l'un des plus grands règlements de confidentialité des consommateurs de l'histoire des États-Unis, Facebook a payé 550 millions de dollars au début de l'année 2020 pour éviter un procès sur sa technologie de numérisation de photos capable de suggérer les noms des personnes figurant sur les photos des utilisateurs. Pour entraîner son algorithme, Facebook aurait utilisé plus de 4 millions d'images sans l'autorisation de leurs propriétaires, en violation de la loi de l'Illinois sur la protection de la vie privée.

En Californie, s'inscrivant dans la décision de leur Parlement, plusieurs villes emblématiques de l'État ont, elles aussi, pris des décisions visant à interdire complètement l'usage de la reconnaissance faciale par leurs forces de l'ordre. San Francisco en mai 2019, puis sa voisine Oakland en juillet, ont voté pour interdire la reconnaissance faciale, rejointes par San Diego en décembre 2019. Depuis septembre 2020, la ville de Portland en Oregon, connue pour être très progressiste, a pris une position encore plus radicale : la surveillance faciale est interdite dans tous les lieux recevant du public, y compris lorsqu'ils sont gérés par des entreprises privées comme les commerces ou les lieux de spectacle. Des parlementaires démocrates ont présenté un projet de loi fédérale qui interdirait l'utilisation de la technologie de reconnaissance faciale par les organismes fédéraux. Les subventions versées aux États fédérés et aux municipalités seraient conditionnées au refus d'utiliser cette technologie. La mesure n'a pas été étudiée jusqu'à présent et ses perspectives dans un Congrès bipartisan ne sont pas claires.

La mort de George Floyd, même si elle n'a impliqué à aucun moment l'usage de la reconnaissance faciale, a entraîné plusieurs grandes entreprises technologiques engagées dans ces technologies à arrêter leur commercialisation. Deux semaines après l'événement, et alors que les grandes manifestations Black Lives Matter secouaient le pays, le P-DG d'IBM déclarait s'opposer à cette technologie. Le lendemain, Amazon annonçait un moratoire d'un an sur l'utilisation de sa plateforme Rekognition par les forces de l'ordre, à l'exception des services d'urgence pour enfants disparus. Enfin, Microsoft prenait la même décision, refusant de vendre sa solution aux services de police, après avoir décidé d'abandonner tout investissement minoritaire dans des entreprises spécialisées dans la reconnaissance faciale. À y regarder de plus près, il vaut mieux rester prudent sur la capacité de cette interdiction à durer. La crainte principale de ces entreprises est d'être associé à la vague de contestations dénonçant un racisme systémique au sein de la société américaine. Au-delà de cette régulation par l'outrage, chacune des entreprises a ses propres motivations. IBM était dépassée avec sa technologie de reconnaissance faciale, et la multinationale continuera de vendre des outils de police prédictive à intelligence artificielle. Microsoft n'avait encore jamais vendu sa technologie. En janvier 2020, son responsable juridique s'était même opposé au patron de Google qui militait pour un moratoire, arguant que c'était une technologie jeune qui ne pourrait que s'améliorer si davantage de personnes l'utilisaient. Amazon a annoncé un moratoire d'un an, attendant une réglementation nationale qui encadrerait l'usage sans le restreindre. Déjà les lobbyistes ont émis de nombreuses propositions permettant de rendre la reconnaissance faciale acceptable, notamment pour que les visages stockés dans les bases de données ne concernent que des criminels déjà condamnés et que la fiabilité soit améliorée jusqu'à faire disparaître les biais liés à la couleur de peau. En 2019, le service des affaires publiques d'Amazon a rédigé une proposition de loi sur la reconnaissance faciale, soumise aux décideurs fédéraux. La législation encadrant – modérément – l'usage de la reconnaissance faciale dans l'État de Washington a été poussée par un élu, par ailleurs employé de Microsoft, le deuxième plus gros employeur de cet État. Aucune des deux sociétés n'a indiqué si les nouvelles politiques empêcheraient d'autres agences gouvernementales, telles que les services d'immigration et de contrôle des frontières, de recourir à leur technologie de reconnaissance faciale. Ces mêmes géants de la technologie ont déjà eu des états d'âme similaires en 2018, lors d'un titanesque appel d'offres pour la fourniture de services d'hébergement de données pour le compte du ministère de la Défense. Certains de leurs employés avaient eu des scrupules à travailler pour ce type de client. Finalement, que ce soit Google, Amazon ou Microsoft, tous avaient décidé de poursuivre leur collaboration avec le gouvernement américain, en précisant chercher les moyens de garantir que la technologie serait utilisée de manière responsable.

En outre, les concurrents plus petits, moins visibles et plus agiles continuent d'offrir leurs services. Clearview, NEC, Ayonix, Cognitec, iOmniscient, ont tous déclaré avoir l'intention de maintenir leurs relations avec les forces de police américaines. L'australien iOmniscient vend ses logiciels capables de détecter les visages et d'analyser le comportement d'une foule dans plus de cinquante pays, dont Hong Kong. Les propos de son P-DG étaient d'une simplicité quasi populiste : « Je ne pense pas que retirer la technologie à la police va résoudre le problème. [...] Nous devons donner à la police les outils nécessaires pour faire son travail, pour retrouver les enfants perdus et arrêter le terrorisme[1]. » NEC et Cognitec, qui vendent également la technologie de reconnaissance faciale utilisée dans les aéroports, sont les plus présents. L'algorithme de NEC était parmi les plus précis de ceux testés par l'Institut national américain des normes et de la technologie (NIST) et n'a produit aucun biais démographique détectable. Pour les quelques exemples de villes emblématiques bannissant l'usage de la reconnaissance faciale, des dizaines d'autres s'y convertissent chaque année. Le rapport du Georgetown Law Center on Privacy and Technology a montré qu'un service de police sur quatre pouvait accéder à des outils de reconnaissance faciale en 2016 et ce nombre a dû croître depuis. Quelques jours après la mort de George Floyd, un homme noir innocent avait été arrêté par la police de Détroit, après avoir été mal identifié comme un voleur à la tire par un logiciel de reconnaissance faciale. Cela n'a pas empêché en septembre le conseil municipal de la ville, à majorité noire, d'approuver à six voix contre trois un contrat de reconnaissance faciale de près de 200 000 dollars pour deux ans. Il s'agit d'un contrat d'entretien suite à l'acquisition d'un logiciel de reconnaissance faciale en 2017 pour un million de dollars. La direction de la police de Détroit a déclaré que le logiciel était un outil permettant d'accélérer les enquêtes. En 2020, la technologie avait été utilisée 106 fois et avait réalisé 64 bons appariements avec la base de données, participant ainsi à 12 arrestations. En fin de compte, la restriction du débat sur la vidéosurveillance à la seule reconnaissance faciale laisse de l'espace pour d'autres traitements intelligents des images. Si les données biométriques concernant le visage concentrent toute l'attention, d'autres outils traitant d'autres données comme les vêtements, les comportements, les postures, se développent rapidement.

L'encadrement porte aussi sur la durée de conservation des images. La tendance mondiale est à la réduction. Il n'existe pas de réglementation fédérale sur la durée maximale aux États-Unis, mais là encore les collectivités entreprennent de la limiter. Ainsi à Oakland, la politique de conservation de la ville en matière de plaques d'immatriculation est passée d'un an à trente jours. À San Diego, le procureur de la ville réfléchit à une limitation similaire. En Europe, la réglementation ne donne pas non plus de délais maximums. Les dernières lignes directrices sur l'utilisation des données personnelles capturées via des appareils vidéos, publiées en juillet 2019, rappellent les principes de minimisation des données et de limitation du stockage. Ainsi il est admis qu'un commerce veillant à éviter le vandalisme garde les images vingt-quatre heures, une exception pouvant avoir lieu pour les week-ends et vacances. Comprenons bien que plus la réglementation pousse à réduire la durée de conservation des images, plus elle va dans le sens d'une analyse en temps réel et donc d'une utilisation de logiciels intelligents.

La confusion entre reconnaissance faciale et accès biométrique

La confusion est volontairement organisée entre la reconnaissance faciale au titre du contrôle d'accès et celle au titre de la surveillance de masse. Les deux usages sont bien distincts. Les systèmes de contrôle d'accès biométriques aident à empêcher les personnes non autorisées d'accéder soit à des installations, soit à des systèmes et à des réseaux informatiques. Ce ne sont ni plus ni moins que des clés. En cela ils visent plus à l'authentification qu'à l'identification. La première permet de s'assurer que l'identité du demandeur d'accès est dans la base de données alors que la seconde consiste à vérifier le lien entre l'identité et la preuve de l'identité. La forme d'authentification la plus répandue est celle de l'identifiant/mot de passe, mais les données biométriques se sont rapidement répandues.

L'iPhone 5 a été le premier à introduire la reconnaissance d'empreintes digitales en 2013, et la reconnaissance faciale est devenue la norme avec l'iPhone X introduit en novembre 2017. Aujourd'hui, de nombreux smartphones cumulent reconnaissance faciale et numérisation de l'iris. En 2024, 800 millions d'appareils devraient être équipés de la reconnaissance faciale. L'authentification se fera directement sur chaque appareil, mais les données concernant l'empreinte faciale seront cryptées et hébergées dans un serveur à distance. On va voir de plus en plus d'objets dont le déverrouillage se s'effectuera avec cette fonctionnalité. À Lyon, l'opérateur de trottinettes en libre-service Dott l'expérimente afin de s'assurer que ses utilisateurs sont bien majeurs. Un logiciel de la société Jumio compare automatiquement le selfie d'un utilisateur qui se connecte avec le scan de sa pièce d'identité déjà intégrée lors de la création de son compte. Dans le même ordre d'idée, le ministère de l'Intérieur a développé une application d'identité numérique, Alicem, acronyme de « authentification en ligne certifiée sur mobile ». En comparant une courte vidéo prise par l'utilisateur avec les données d'identité stockées dans FranceConnect – le dispositif permettant avec un même identifiant d'avoir accès à plusieurs services publics en ligne –, elle permettra de renouveler à distance certains documents administratifs, tels que la carte grise ou le permis de conduire. Cette comparaison, aujourd'hui réalisée manuellement, est celle qui permet d'accéder à des courriers recommandés avec accusés de réception électroniques. En demandant aux gens de bouger, de lire une série de chiffres, il est facile de distinguer une simple photographie – ou un montage grossier – du véritable visage de la personne. Le barreau de l'État de Californie a recours à la reconnaissance faciale pour s'assurer que les candidats à l'examen – qui se tient à distance avec la pandémie – sont bien ceux qu'ils prétendent être. La reconnaissance faciale à usage d'authentification pour l'accès à des lieux physiques se diffuse progressivement, notamment pour limiter les temps d'attente. Vous avez peut-être déjà essayé le système PARAFE, acronyme de « passage automatisé rapide des frontières extérieures », de la société Gemalto, installé dans les aéroports de Paris, Marseille, Lyon, Nice, ou encore à la gare du Nord pour l'Eurostar. Dans la perspective des Jeux olympiques de Paris 2024 et ses quinze millions de visiteurs, la gestion des files d'attente est un enjeu crucial. L'idée que les spectateurs volontaires puissent pénétrer plus rapidement dans les enceintes sportives par reconnaissance faciale est envisagée. Elle est un moyen d'accès comme peuvent l'être les empreintes digitales par exemple. Ainsi, alors même que les députés du Parlement européen réfléchissent à bannir la reconnaissance faciale au titre de la surveillance de masse, ils souhaitent instaurer à l'entrée du Parlement un dispositif biométrique dont la phase de test a débuté en décembre dernier. En arrivant, ils scanneront leurs empreintes digitales et recevront automatiquement leur indemnité journalière. Alors que certains activistes ou associations brandissent ces expérimentations comme une tentative masquée de faire avancer la reconnaissance faciale au titre de la surveillance, arrêtons-nous un instant pour comprendre ce qu'elle recouvre. Cette opération n'a rien d'extraordinaire. Lorsque vous ouvrez à distance la porte d'entrée de votre immeuble à un ami après l'avoir reconnu grâce au visiophone, vous avez réalisé une opération de reconnaissance faciale. Une opération effectuée par un humain et non pas un logiciel, mais l'acte est exactement le même.

La question centrale est celle du consentement des personnes. Ainsi des tentatives pour limiter l'accès, grâce à la reconnaissance faciale, aux stades de football de supporters accusés de hooliganisme ont été tuées dans l'œuf. Le FC Metz avait constitué un fichier de ses supporters, comme l'y autorise la loi Larrivé de 2016 contre le hooliganisme, et avait acheté un logiciel de reconnaissance faciale. Il n'a jamais pu en faire usage. De l'autre côté de la Manche, les stades y ont recours, et les casinos londoniens utilisent ces technologies pour identifier tant les gens exclus par le passé que les joueurs compulsifs qui se sont inscrits sur la liste d'auto-exclusion.

En France, la justice administrative s'est opposée à la mise en œuvre de la reconnaissance faciale dans deux lycées de la région PACA, estimant que les élèves et leurs parents n'étaient pas pleinement consentants, mais sujets à une relation d'autorité. Tout avait commencé fin 2018. Le président de la région, Renaud Muselier, souhaitait lancer une expérimentation pour équiper deux lycées, à Marseille et Nice, de caméras supposées reconnaître les lycéens à l'entrée. Saisie par la région d'une demande de conseil, la CNIL donnait son avis en octobre 2019, estimant que les objectifs de sécurisation et la fluidification des entrées dans ces lycées pouvaient être atteints par des moyens bien moins intrusifs en matière de vie privée et de libertés individuelles, comme un contrôle par badge. Cette expérimentation est également contestée devant la justice. Et en février 2020 le jugement tombe : les juges du tribunal administratif de Marseille ont considéré que de tels traitements biométriques étaient disproportionnés par rapport aux finalités poursuivies.

En 2019, l'autorité suédoise de protection des données avait également interdit l'usage de la technologie de reconnaissance faciale dans les écoles et infligé une amende de 19 000 euros à la municipalité de Skellefteå qui avait réalisé pendant trois semaines des contrôles d'accès aux salles de classe dans un lycée local afin d'éviter la fastidieuse tâche de l'appel par les enseignants. Cette sanction a été la première prise dans le cadre du règlement RGPD. À l'inverse, aux États-Unis, dans l'État de New York, après deux ans de combats et de recours, le district scolaire de Lockport a été autorisé à déployer 300 caméras à l'entrée de ses huit établissements allant de l'école maternelle au lycée. Les images enregistrées sont comparées avec une liste de personnes interdites, notamment le personnel suspendu et des criminels sexuels.

Le débat public sur cette technologie est très important car un puissant effet cliquet existe en matière de technologies de surveillance. Il est difficile de revenir en arrière. En 2017, le président Donald Trump a signé un décret visant à déployer l'utilisation de la biométrie de reconnaissance faciale dans les aéroports pour tous les voyageurs internationaux, tout en permettant aux citoyens américains de ne pas y recourir. Mais, en 2019, la police des frontières a l'obtenu la suppression de l'option de retrait, soumettant ainsi tous les citoyens américains à des scans faciaux obligatoires.

Un combat judiciaire loin d'être gagné

Parce que la réglementation est encore souvent floue, le combat contre la reconnaissance faciale passe essentiellement par les tribunaux. Un procès médiatisé sur la confidentialité des données biométriques, intenté par le procureur général du Vermont contre Clearview, aura lieu dans les prochains mois. Il est reproché à l'entreprise de ne pas permettre aux habitants de l'État de pouvoir supprimer leurs images de sa base de données de reconnaissance faciale. Un premier jugement a refusé de reconnaître l'argument de Clearview selon lequel les contenus récupérés avaient été rendus publics par les utilisateurs, et qu'en cela la société relevait du Premier amendement sur la liberté d'expression. Mais l'essentiel des contestations provient d'associations de défense des libertés individuelles ou d'activistes jugeant que la reconnaissance faciale est partiale du fait de biais notamment raciaux et qu'elle est disproportionnée par rapport au besoin de faire respecter l'ordre public.

Au Royaume-Uni, le combat judiciaire contre l'utilisation de la reconnaissance faciale par la police est porté par l'association Liberty. La police du sud du pays de Galles a déployé un système de reconnaissance faciale à cinquante reprises entre 2017 et 2019 lors de divers événements publics. Les caméras étaient connectées à une base de données de 400 à 800 personnes recherchées, vulnérables, ou à surveiller lorsque présentes à certains événements, etc. À deux reprises un activiste s'est placé de manière à être filmé. Il a ensuite protesté contre le fait d'avoir été enregistré alors même qu'il ne figurait pas sur la liste de personnes surveillées par les forces de l'ordre, et alors même que son image a été supprimée presque immédiatement après, justement du fait qu'il ne se trouvait pas dans la base de données. Après avoir été débouté en première instance en septembre 2019, il a fait appel. Le jugement rendu mi-août 2020 a été célébré comme une immense victoire contre la reconnaissance faciale. Cela mérite d'être nuancé. La cour a validé trois des motifs de l'appel : le premier est que les forces de l'ordre n'avaient pas fourni d'indications claires sur les endroits où les caméras pouvaient être utilisées et sur qui pouvait être mis sur la liste de surveillance, le deuxième est que l'évaluation d'impact sur la protection des données avait été inadéquate, le troisième est que la police n'avait pas pris les mesures nécessaires pour s'assurer que le logiciel ne contenait pas des biais raciaux ou sexuels, et ce même si d'évidence il n'y en avait aucun. Mais le tribunal a reconnu que l'exercice de pondération auquel s'était livrée la police entre les avantages pour la collectivité – potentiellement importants – et les inconvénients individuels – potentiellement mineurs – était correct, et qu'en conséquence le recours à cette technologie ne constituait pas une ingérence disproportionnée dans les libertés individuelles. Le tribunal britannique n'a donc pas fermé la porte à l'utilisation par la police de la technologie de reconnaissance faciale. Les droits individuels peuvent être mis en balance avec un avantage potentiel collectif. À partir de là, les forces de police ont déclaré vouloir poursuivre les expérimentations en prenant les mesures correctrices pour se conformer au jugement.

Même dans les régimes autoritaires, des combats judiciaires sont entamés. L'application de la reconnaissance faciale à Moscou a ainsi été contestée devant les tribunaux en 2019 et 2020 sans succès par l'activiste et avocate Alena Popova. Le tribunal a jugé que le motif de sécurité invoqué par les autorités russes était suffisant et que la suppression des séquences vidéo dans un délai de cinq jours suivant un incident, à moins qu'une demande du public ou des forces de l'ordre ne soit faite, était raisonnable.

La France interdit la reconnaissance faciale en temps réel sur la voie publique, mais elle autorise, depuis 2012, la reconnaissance a posteriori par la police et la gendarmerie à partir du fichier de traitement des antécédents judiciaires, qui concentre 8 millions de photos pour 19 millions de personnes. Pour les six premiers mois de l'année 2020, cette procédure a été utilisée près de 200 000 fois. Les activistes concentrent leurs tirs sur les systèmes de surveillance automatisée capables de reconnaître des mouvements anormaux. En janvier 2020, la Ligue des droits de l'homme, aux côtés de l'association La Quadrature du Net, a déposé un recours devant le tribunal administratif de Marseille pour lui demander d'annuler l'installation par la mairie d'un tel dispositif de test sur cinquante caméras. Le tribunal a rejeté la requête en référé-suspension au motif que la contestation aurait dû se faire lors de l'attribution du marché public en 2018. De ce fait, il révèle combien il est compliqué d'intenter une action en justice lorsque les systèmes ont déjà été déployés.

Une technologie qui s'améliore

La reconnaissance faciale n'est pas parfaite, c'est une technologie très jeune. Elle dépend d'abord et avant tout de la qualité des images prises. Le NIST a révélé que les algorithmes étaient précis à plus de

99 % pour la comparaison de photos frontales en haute définition. Mais les taux de précision chutent lorsqu'il s'agit d'identifier un visage à partir d'un flux vidéo, en particulier depuis des caméras fixées au plafond ou très en hauteur. Face à la piètre qualité des images, les forces de l'ordre sont parfois tentées de biaiser. À New York, la police a utilisé des photos de célébrités qui ressemblaient au suspect décrit par les témoins. Ailleurs, on s'est servi de Photoshop pour retoucher les photos capturées où les yeux étaient fermés. En baissant volontairement le curseur du niveau de précision de reconnaissance faciale d'Amazon, on a « identifié » vingt-huit membres du Congrès américain comme étant des criminels... Évidemment tous ces expédients rendent la technologie peu fiable, alors qu'elle l'est. Ces tentatives de discréditer l'outil plaident plutôt pour une multiplication des caméras de dernière génération, dotées d'une meilleure qualité de prise de vue. L'un des plus gros problèmes avec la biométrie est le manque de données, à la fois pour le développement et pour les tests. Dans de nombreux cas, ces données biométriques peuvent n'avoir été examinées que sur un petit échantillon de personnes. C'est aussi pour cela qu'elles présentent des biais. Nous y reviendrons plus tard.

Les progrès n'en restent pas moins spectaculaires. Quand tout le monde s'est mis à porter des masques chirurgicaux cachant une partie importante du visage, il a fallu mettre à jour les systèmes de reconnaissance faciale. Cela n'a pris que quelques semaines, preuve de l'adaptabilité de la technologie. Dès mai 2019, des chercheurs de l'université de Bradford au Royaume-Uni avaient publié un article relevant que la technologie de reconnaissance faciale pouvait atteindre une identification précise à 100 % des personnes avec pourtant que la moitié supérieure du visage visible, cela grâce à la reconnaissance périoculaire. Des activistes ont créé des subterfuges pour tromper les caméras : maquillage, foulard sur lesquels sont imprimés plusieurs visages afin de surcharger le logiciel, visière projetant une lumière LED infrarouge pour aveugler la caméra, lunette avec matériau rétro-réfléchissant, et même un rétroprojecteur de visage portable capable de donner l'apparence d'un autre. Si ces gadgets sont amusants, ils sont rarement utilisés, car ils ont tôt fait de vous singulariser au milieu d'une foule. Plus concrètement, les manifestants de Hong Kong, de Black Lives Matter, ou les black blocs chez nous, portent des masques pour échapper à la détection dans l'espace public. Demain le lidar, conjugué à la reconnaissance faciale, lui fera franchir une étape importante en matière d'efficacité.

Alors que l'échec est souvent brandi par les opposants à la surveillance comme la preuve d'un système coûteux et inutile, il est nécessaire d'appréhender le caractère apprenant de ces algorithmes. L'erreur fait partie de ce cheminement, cet apprentissage automatique dit *machine learning* en anglais. Mais ce n'est qu'une question de temps et de volume d'information ingérée avant que l'erreur ne soit réduite à un niveau minime, inférieur à la supervision humaine et socialement jugée acceptable. L'objectif visé est de rendre l'ordinateur capable d'apporter des solutions à des problèmes compliqués par le traitement d'une quantité gigantesque d'informations, notamment en découvrant les corrélations qui existent entre plusieurs situations données et en prédisant leurs implications relatives. Il existe deux principaux systèmes d'apprentissage, définis à partir de leurs modes de fonctionnement. D'un côté, l'apprentissage supervisé ou analyse discriminatoire, dans lequel le logiciel s'appuie sur un certain nombre de modèles préétablis connus pour mettre en place un système de classement. De l'autre côté, l'apprentissage non supervisé, dans lequel le logiciel doit procéder seul à la catégorisation des données en rassemblant dans une même classe les éléments présentant certaines similitudes. Si le premier type d'apprentissage peut souffrir de biais influençant l'étiquetage des données, le second est plus fiable dans la mesure où les réponses obtenues sont départies de tout a priori humain. Certaines erreurs des algorithmes n'en sont pas moins cocasses. Pour sourire, direction Inverness, une charmante petite ville au nord de l'Écosse, dont le club de football professionnel s'enorgueillissait de l'achat d'une caméra automatique pour retransmettre les matchs en temps réel aux abonnés privés de stade suite au confinement. Problème : le programme a confondu le ballon qu'il était censé suivre avec le crâne, chauve, du quatrième arbitre, celui restant au niveau de la ligne médiane. Autant dire que personne n'a pu voir les deux buts du match...

Un soutien populaire à la surveillance

Il faut bien se rendre compte qu'au-delà de l'activisme de quelques associations au nom de la défense des libertés publiques, le soutien populaire aux technologies de vidéosurveillance – y compris la reconnaissance faciale – est fort. Les sondages ne sont sans doute qu'un outil approximatif de cette volonté populaire tant les résultats dépendent du contexte dans lequel les questions sont posées. Pour autant, les chiffres sont sans appel et constants sur plusieurs années et à travers plusieurs études, en France comme dans le reste du monde. En 2008, 71 % des Français se déclaraient favorables à la présence de caméras de vidéosurveillance dans les lieux publics[2]. En 2013, une enquête montrait que 83 % des Français interrogés approuvaient la mise en place de caméras de vidéosurveillance[3]. Elle succédait à une autre enquête six mois plus tôt qui donnait le chiffre de 75 %[4]. L'acceptation des technologies de surveillance va plus loin que la simple vidéosurveillance. 72 % des Français accepteraient un système de reconnaissance faciale via une caméra, et 82 % l'utilisation de la biométrie – une puce contenant par exemple des empreintes digitales – dans la carte d'identité ou le permis de conduire. Contrairement à l'idée selon laquelle le recours à ces technologies serait poussé par les personnes les plus âgées, aiguillons d'une société plus conservatrice, les jeunes sont très favorables aux outils de vidéosurveillance, avec seulement 23 % des 15-34 ans rejetant les caméras contre 17 % en moyenne, et 35 % désapprouvant la reconnaissance faciale contre 27 % en moyenne. S'il n'existe pas, assez étrangement d'ailleurs, de séries de sondages de longue durée sur l'acceptation de la vidéosurveillance, des questions incidentes lors de sondages sur les préoccupations locales tendent à montrer que le contrôle numérique de l'espace public semble définitivement être entré dans les mœurs. En mars 2020, interrogés sur les priorités qu'ils voulaient voir traitées après les élections municipales, la sécurité des biens et des personnes devait être la première préoccupation des nouveaux exécutifs pour la moitié des Français, ce pourcentage grimpant à 55 % en Île-de-France[5]. Interrogés sur les initiatives qui pourraient être prises en matière de sécurité, 80 % étaient favorables à l'augmentation du nombre de caméras de vidéosurveillance. Plus intéressant, 72 % soutenaient la création d'une application pour mobile de signalement des incivilités du quotidien (voitures mal garées, dépôts sauvages, etc.). Le concept de sousveillance, à savoir la participation des citoyens au contrôle de l'espace public, est donc parfaitement intégré et désiré. Des usages plus spécifiques, du moment qu'ils reposent sur des enjeux perçus comme importants pour les Français, recueillent là encore un très fort assentiment. 85 % des Français seraient ainsi favorables à l'installation de caméras de vidéosurveillance dans les abattoirs[6] pour permettre le contrôle de la bonne application de la législation de protection animale et la sanction des auteurs de maltraitances ou d'actes de cruauté. La vidéosurveillance figurait parmi les soixante-cinq mesures – émises en 2015 par la commission d'enquête sur les conditions d'abattage des animaux de boucherie – destinées à diminuer la souffrance animale dans les abattoirs. De tels niveaux de soutien démontrent bien que ni la technologie de captation vidéo ni l'acte de surveillance que son utilisation implique (soit en temps réel ou a posteriori) ne sont jugés par nature incompatibles avec les valeurs individuelles tant que la motivation de leur usage trouve racine dans des valeurs collectivement considérées comme fondamentales. Évidemment, on est toujours plus favorable à la surveillance du moment qu'elle ne nous concerne pas…

Si les individus étaient vraiment hostiles aux technologies de vidéosurveillance, il y aurait fort à parier que leur contestation serait forte devant l'autorité administrative indépendante chargée d'encadrer leur déploiement, la CNIL, dont la saisine est gratuite. D'ailleurs, l'enquête d'opinion de 2008 montrait que

79 % des personnes interrogées se déclaraient attachées à ce qu'un organisme indépendant contrôle ces dispositifs de vidéosurveillance pour garantir le respect du droit à la vie privée. Or, en 2019, sur un total de plus de 14 000 plaintes, la CNIL en a reçu 1 500 concernant la surveillance des employés sur leur lieu de travail, ou pendant leur temps de travail, et par tous types d'outils (vidéosurveillance, géolocalisation, écoutes téléphoniques, etc.). Sans qu'il soit donné un chiffre précis, la vidéosurveillance concentre le plus de plaintes, notamment lorsque les caméras filment les postes de travail en permanence, ou les lieux de pause, ou enregistrent le son, ou encore lorsque les images sont visibles à distance. Ce chiffre est à rapporter aux 1,65 million de caméras installées dans notre pays donnant une mesure forte de l'acceptabilité des dispositifs. Seuls dix contrôles – suivis de sept mises en demeure – sont intervenus en matière de vidéosurveillance sur le lieu de travail et dans les écoles, laissant penser que la majorité des installations sont conformes, selon le régulateur. On pourrait avancer que si une partie de la population trouvait la vidéosurveillance à ce point oppressante, elle pourrait se tourner vers l'action violente pour s'en débarrasser, à la manière des radars routiers. Il est difficile de chiffrer précisément le nombre de caméras détruites, mais une lecture rapide de la vingtaine d'articles de presse relatant de tels actes permet de les relier quasi intégralement à des actes criminels visant à éviter la perturbation de trafics de drogue. En novembre 2020, une vidéo spectaculaire d'un engin de chantier de quatre tonnes et demi détruisant un mât de vidéosurveillance dans le quartier de la Petite Hollande à Montbéliard avait fait le tour des réseaux sociaux. Les caméras avaient été installées trois jours

auparavant pour « renforcer la sécurité des habitants et lutter contre les trafics[7] ». On notera toujours le même paradoxe qui consiste à se filmer en exigeant de ne pas être filmé.

Les facteurs qui ont façonné ce soutien populaire restent encore largement inconnus. Hormis de manière modérée, les caractéristiques sociodémographiques – que ce soit l'âge, le genre, le salaire, le lieu de résidence, le pays d'origine – sont faiblement prédictives de l'acceptation ou du refus des caméras. Cela pourrait expliquer la relative homogénéité des opinions favorables à travers les pays développés. Aux 70 à 80 % de Français favorables répondent en effet des chiffres similaires dans d'autres pays. En 2013, une semaine après l'attaque du marathon de Boston à la suite duquel les deux suspects avaient été identifiés grâce à des caméras de surveillance, un sondage pour le *New York Times* donnait 78 % des Américains favorables à la vidéosurveillance. Mais on ignore si ce soutien massif provient d'un manque d'intérêt pour l'anonymat dans une société toujours plus transparente, de la peur d'être victime et donc d'une efficacité accordée aux caméras dans la prévention des crimes et délits, ou d'un haut niveau de confiance et de légitimité dans les forces de l'ordre. Plusieurs études universitaires récentes ont montré que les préoccupations du public concernant les droits de l'homme, et notamment l'atteinte à la vie privée, n'ont pas eu d'incidence sur l'approbation de l'installation des caméras. Elles suggèrent que le niveau de préoccupation quant à une possible atteinte à la vie privée du fait d'une utilisation abusive des caméras est relativement faible, et qu'il diminue encore une fois que les citoyens ont été exposés aux caméras de leur quartier[8]. La question de la vie privée et de l'anonymat dans l'espace public n'est pas nouvelle. Dès la fin du XIXe siècle, sa remise en cause par des évolutions technologiques était questionnée[9]. Des juristes américains se plaignaient alors en ces termes : « Les photographies instantanées et l'industrie des journaux ont envahi les espaces sacrés de la vie privée et domestique ; et de nombreux appareils mécaniques menacent de faire une réalité la prédiction selon laquelle "ce qui se murmure dans le secret sera proclamé sur les toits"[10] ». Mais cette remise en cause tend à s'effriter à mesure que nous entrons dans une société plus transparente.

La question de l'insécurité et la crainte d'être victime ont été montrées comme un facteur important de soutien à l'installation de moyens de vidéoprotection. Des sociologues ont expliqué comment les médias avaient participé à la diffusion de l'idée selon laquelle les caméras étaient un moyen efficace de protéger le public contre les crimes et les risques terroristes[11]. Il a été avancé que, dans une situation de menace à grande échelle pour la sécurité nationale ou personnelle, en l'occurrence les attentats terroristes du 11 septembre 2001, les citoyens sont beaucoup plus disposés à renoncer à leurs droits[12]. Dans un registre plus récent, lié à la pandémie de la Covid-19, une étude d'Harvard auprès de plus de 370 000 personnes dans quinze pays a révélé que 80 % de la population mondiale était prête à troquer une part de liberté pour des mesures de protection sanitaire[13]. Certains accusent les caméras de participer de la montée du sentiment d'insécurité, car elles auraient un effet révélateur mettant en lumière la réalité crue de la criminalité. Elles présentent en images ce qui restait dans la rubrique des faits divers, images qui connaissent une diffusion virale. C'est le cas de l'agression de Yuriy, jeune adolescent de 15 ans, laissé pour mort sur la dalle Beaugrenelle, en janvier dernier à Paris. L'exploitation de la vidéosurveillance a permis de suivre et de retrouver les agresseurs présumés. C'est le cas de Christian, photographe de presse, massacré au cours d'un reportage en février dernier à Reims et pour lequel les caméras présentes dans le quartier ont été importantes dans l'identification des assaillants d'après les enquêteurs. Les caméras peuvent également montrer le sentiment d'impunité dont semblent jouir certains criminels. Les images de vidéosurveillance prises il y a quelques mois dans la boutique Moncler, dans le VIe arrondissement de Paris, laissent ainsi à voir une dizaine de voleurs, tout en noir et cagoulés, pénétrer dans le magasin de doudounes de luxe et repartir avec 40 000 euros de butin.

L'efficacité est très largement combattue par les opposants à la vidéosurveillance. C'est l'angle pris par Laurent Mucchielli depuis des années. Dans son dernier travail concernant le déploiement du système de vidéosurveillance à Marseille, le sociologue conclut qu'il a « un très faible impact en matière de prévention comme de répression de la délinquance » et qu'il a été détourné de son usage officiel pour pratiquer la vidéoverbalisation[14]. Il pointe également du doigt ses coûts d'installation et de fonctionnement. Au niveau international, la recherche a montré que l'utilisation de la vidéosurveillance avait un effet modeste sur les crimes contre les biens, et quasi nul pour les crimes violents – notamment le terrorisme –, à l'exception des parkings où l'effet était significatif[15]. Dans le même esprit, la perception de l'efficacité des caméras par les habitants d'un quartier était plus forte avant leur installation qu'après les avoir observées en action.

Néanmoins, l'analyse coût-bénéfice proposée par ceux qui s'y opposent en matière d'efficacité est souvent de mauvaise foi. Les mêmes qui refusent de déployer les logiciels d'analyse automatique – seuls pourtant capables de gagner en productivité – se lamentent ensuite de voir du personnel placé derrière un écran incapable de participer activement à la surveillance. En outre, les analyses substitutives comparant les coûts d'investissement et d'entretien d'un réseau de caméras avec le déploiement d'effectifs physiques sont peu pertinentes. Lorsque ces analyses sont ramenées à la valeur des crimes évités, le ratio coût-bénéfice est très différent. En France, la valeur d'une vie est, d'après les travaux de France Stratégie – anciennement Commissariat général à la stratégie et à la prospective (CGSP) –, évaluée à 3 millions d'euros. Autrement dit, il suffirait de deux homicides volontaires ou involontaires évités pour justifier du retour sur investissement d'un réseau d'une centaine de caméras.

La légitimité des forces de l'ordre, définie comme la caractéristique d'une institution qui amène les gens à penser que cette institution a le droit d'être respectée et obéie, est au cœur du déploiement des caméras. Lorsque les citoyens voient la police les traiter avec dignité, être impartiaux, transparents et responsables, respecter leurs droits, ils sont plus susceptibles de la considérer comme source légitime de coercition et d'obéir volontairement à ses décisions. L'opinion sur les forces de l'ordre a été identifiée comme l'un des facteurs les plus importants de l'acceptation des dispositifs de vidéosurveillance, ce qui suggère que la confiance ou la défiance à l'égard de ceux qui utilisent la technologie est plus importante que les fins au titre desquelles elle est utilisée. Une étude travaillant sur le déploiement des technologies de reconnaissance faciale dans la ville de Londres vient de montrer que le groupe – en l'occurrence majoritaire – qui a tendance à croire que les forces de l'ordre font probablement ce qu'il faut est celui qui a confiance dans les bénéfices d'un recours à ces technologies, alors qu'à l'inverse le groupe – plus réduit – qui accorde le moins de légitimité à la police est celui enclin à croire que ce déploiement est par nature négatif et qu'il devrait cesser[16]. Le défi pour les législateurs est grand. La frange de la population hostile est irrémédiablement hostile, de la même manière que la population qui y était favorable ne compte pas changer d'avis. Autant dire que dans ces conditions la recherche de consensus est quasi impossible.

Une diffusion qui se poursuit

Face à une majorité d'électeurs favorables au déploiement de ces technologies, les élus poursuivent les expérimentations, d'autant plus que les compétences de police de proximité sont souvent à leur main. En France, plus de 6 000 communes, soit une sur six, ont décidé de se mettre à la vidéoprotection. Celle-ci se moque des étiquettes politiques et n'est plus réservée à tel ou tel parti. Les élus sont avant tout pragmatiques. La ville de Valenciennes est équipée depuis trois ans grâce à l'entreprise Huawei. Le géant chinois a offert à la municipalité centriste, ancien fief de Jean-Louis Borloo, 240 caméras d'une valeur de deux millions d'euros. À Fleury-Mérogis, à trente kilomètres au sud de Paris, dans cette commune connue pour sa prison, le maire divers gauche avait décidé de déployer la vidéosurveillance, tout en demandant aux promoteurs d'intégrer des caméras dans les parkings des nouveaux projets immobiliers. Un élu communiste lui a succédé comme maire en 2019 et a été réélu l'année suivante. Il n'a pas changé la politique en la matière, affirmant maintenir l'installation des caméras de vidéoprotection dans le courant de l'année 2021. Dans le XVIIe arrondissement de Paris, un bailleur social a accéléré son programme de déploiement de caméras dans un ensemble d'immeubles où la hausse des cambriolages poussait les riverains à s'organiser entre eux, avec le risque de faire justice eux-mêmes. Suite aux élections municipales de 2020, de nombreux élus de villes moyennes ont décidé d'implanter la vidéoprotection. Le seul parti qui semble idéologiquement hostile à la vidéosurveillance au nom de la défense des libertés fondamentales est le parti écologiste. Ainsi à Marseille, le nouvel adjoint chargé de la sécurité, suite à la coalition entre écologistes et socialistes en 2021, a proposé un moratoire sur la vidéosurveillance pour mesurer l'efficacité de ce dispositif, mettant un terme à la politique de l'ancienne municipalité qui s'était équipée depuis 2012 de près de 1 200 caméras. Comme beaucoup d'opposants, il tente d'en restreindre l'utilisation à l'élucidation des affaires a posteriori.

Quand on interroge des élus sur les raisons de l'installation des caméras, les réponses tournent invariablement autour de la lutte contre les incivilités. La définition originelle du mot, à savoir un manquement aux règles de vie en communauté, ne suffit plus à couvrir ce qui, aujourd'hui, est englobé par ce terme : criminalité de basse intensité se traduisant par des agressions verbales, vols sans violence, fraude dans les transports en commun, etc. Cette stratégie de reconquête de l'espace public a été conceptualisée – avec la fameuse « théorie de la vitre cassée » – par l'ancien maire de New York, Rudolph Giuliani, qui avait drastiquement réduit la criminalité en s'attaquant aux plus petites incivilités génératrices d'un environnement propice à une criminalité plus importante. La présidente de la région Île-de-France, Valérie Pécresse, constatant une hausse alarmante de ces actes, a demandé de manière univoque d'aller beaucoup plus loin que la loi Savary de 2016 « relative à la prévention et à la lutte contre les incivilités, contre les atteintes à la sécurité publique et contre les actes terroristes dans les transports collectifs de voyageurs », dont, près de cinq ans après sa promulgation, les décrets ne sont toujours pas parus et qui est aujourd'hui obsolète. À l'heure de la reconnaissance faciale, les agents de sécurité ne peuvent effectuer une vérification d'identité avec cet outil. Valérie Pécresse a demandé la création d'un comité d'éthique pour trouver un équilibre entre l'impératif de sécurisation des réseaux de transports et la préservation des libertés. La lutte contre les incivilités est aussi le cheval de bataille du maire de Cannes, David Lisnard, ténor du parti Les Républicains. Pour cela, sa ville possède le réseau de vidéosurveillance le plus dense de France, soit une caméra pour 109 habitants. La vidéoprotection a été mise en place à Cannes en mai 2002, suite aux menaces terroristes qui pesaient sur les délégations américaines lors du premier festival du film de l'après 11-Septembre. Dix ans plus tard, la ville comptait 344 caméras, et 690 encore dix ans après. La municipalité vient d'installer une toute nouvelle caméra parlante pour transmettre des messages préenregistrés ou instantanés. Rien d'étonnant à ce que l'un des facteurs de mesure de l'efficacité des caméras soit la réduction des dépenses de nettoyage de la voirie, notamment liée au ramassage des déjections canines…

Première ville de France à avoir créé une police municipale en 1983, puis première toujours à avoir installé des caméras de vidéosurveillance en 1991, Levallois-Perret en compte aujourd'hui près de 250 dans les rues et les bâtiments publics, sans parler du millier dans les parkings souterrains publics. Elle est aussi la ville la plus dense d'Europe. Le lien entre les deux n'est pas si anodin qu'il n'y paraît. Dans *La Ville pour tous* (2019), j'ai tenté de montrer que la concentration de la vie dans les villes n'était pas un hasard de l'histoire, mais un mouvement structurel appelé à se poursuivre. Aujourd'hui, la vie en ville est devenue stressante. La densité, qui devrait se traduire par une multiplication des opportunités de rencontres, est devenue crainte de nuisances supplémentaires. Les richesses de la ville, ce sont les rencontres spontanées, mais celles-ci ne peuvent être acceptées qu'avec la certitude que les comportements élémentaires de respect de l'ordre public seront respectés. Si les gens restreignent leur circulation physique parce qu'ils se sentent agressés par des tiers ou par l'environnement, la notion même de ville est tuée. Le contrôle de l'espace public devient donc tout à la fois un élément d'attractivité et de compétitivité, car son absence se traduit par une perte d'opportunités de rencontres et d'échanges. Pis encore, un espace public anarchique conduit chacun à vouloir étendre sa « zone à défendre » et donc à limiter le nombre de personnes évoluant dans un même espace. Les communistes, qui ont dirigé la ville de Levallois-Perret pendant vingt ans, voyaient la ceinture rouge comme une contre-société protectrice. Qui aurait pu penser que cette protection reposerait aujourd'hui sur les caméras ?

Si les avantages de la régulation de la vie sociale sont intrinsèquement plus importants dans les zones les plus denses, cela ne veut pas dire que les caméras ne sont pas utiles dans des territoires moins densément peuplés. D'ailleurs, ce qui est une réalité dans la plupart des grandes agglomérations se diffuse progressivement dans les communes en zone rurale. À Foëcy, petite commune tranquille de 2 000 habitants dans le Cher, les habitants assistent, impuissants, à la multiplication des dégradations qui abîment le cadre de vie. En réponse, la municipalité étudie, en lien avec la gendarmerie, la pertinence de mettre en place un système de vidéoprotection. À 50 kilomètres de là, à Dun-sur-Auron, bourg de 3 800 habitants, le maire a déjà fait installer seize caméras de surveillance. Le seul policier municipal ne peut regarder les images en temps réel, mais les enregistrements servent lorsque des infractions sont commises. Le coût de ces dispositifs est souvent très lourd, 150 000 euros en l'occurrence, mais l'État les subventionne largement.

Pendant que le nombre de communes équipées ne cesse d'augmenter, les solutions utilisées deviennent de plus en plus sophistiquées, avançant notamment vers la reconnaissance faciale. Il est en effet difficile de ne pas utiliser les caméras à leur plein potentiel une fois qu'elles sont installées. Thales chapeaute une convention d'expérimentation, conclue en juin 2018, à Nice, avec un consortium de quinze entreprises, nommée SafeCity. Une première expérimentation visait à analyser les émotions des passagers d'un tramway, sans les identifier, pour anticiper les situations potentiellement dangereuses. Une seconde expérimentation, lors du carnaval 2019, impliquait la reconnaissance faciale et devait permettre d'identifier de supposés fichés « S ». Il s'agissait, en réalité, parmi des centaines de personnes consentantes, de quelques figurants. Ils avaient fourni leur photo, se savaient filmés et reconnus facialement. Dans une perspective similaire, en 2018, le sénateur Roger Karoutchi avait déposé une proposition de loi sur le couplage du fichier automatisé des empreintes digitales avec celui des fichés « S », le tout relié à un système de vidéoprotection.

Les confinements liés à la pandémie ont été l'occasion de tester de nouveaux dispositifs. La préfecture de police de Paris a utilisé des drones équipés d'une caméra et volant suffisamment bas afin d'identifier des individus qui contrevenaient au confinement. 535 vols de drones, dont 251 de surveillance, ont eu lieu entre le 24 mars et le 24 avril 2020. Le Conseil d'État l'a interdit en conditionnant leur utilisation à un arrêté ministériel. La CNIL, après huit mois d'enquêtes, a prononcé contre le ministère de l'Intérieur un rappel à l'ordre pour atteinte à la loi « Informatique et Libertés » qui demande que les traitements mis en œuvre par l'État pour détecter ou prévenir des infractions soient prévus par un texte législatif ou réglementaire et qu'une analyse d'impact les accompagne. La CNIL a même considéré que le mécanisme de floutage des images mis en place par le ministère n'était pas suffisant, jugeant qu'il ne convenait que ce floutage ne soit pas exécuté directement par le drone, et que des images contenant des données personnelles soient collectées, transmises et traitées par le ministère de l'Intérieur avant que le système de floutage ne s'applique.

À Cannes, la mairie a voulu vérifier si la population portait bien un masque en allant au marché. Pour cela, elle a fait appel à un prestataire, la start-up Datakalab. Sur trois marchés de la ville, des caméras comptaient le nombre de personnes qui portaient un masque. La municipalité a étendu ce dispositif aux transports en commun. La RATP a utilisé le même système afin de mesurer le respect du port du masque à la station Châtelet-Les Halles. Les données personnelles collectées sont immédiatement rendues anonymes, ne font l'objet d'aucun enregistrement, et le dispositif ne donne lieu à aucune verbalisation. Les images sont traitées localement. Il ne s'agit donc pas a priori de vidéosurveillance, définie par le Code de la sécurité intérieure, puisqu'il n'y a ni transmission ni enregistrement d'images prises sur la voie publique. Cela permet d'éviter de demander une autorisation préfectorale – valable cinq ans –, d'effectuer une analyse d'impact et de tenir un registre des accès aux images. La CNIL a affirmé que ces dispositifs ne respectaient pas le cadre légal applicable à la protection des données personnelles car toute personne doit pouvoir s'opposer à la captation de son image dans l'espace public. La CNIL a également indiqué que la possibilité pour les passants de manifester leur opposition par un signe de la tête, telle qu'elle était prévue à Cannes, n'était pas satisfaisante car les individus seraient contraints d'afficher publiquement leur refus. Si le droit d'opposition – à savoir votre refus à ce qu'un organisme utilise certaines de vos données personnelles – ne peut pas être appliqué en pratique, les dispositifs concernés doivent être explicitement prévus par la loi française ou européenne. Cette posture de la CNIL, interdisant tout ce qui n'est pas expressément autorisé, ne peut que conduire à mettre une pression insoutenable sur le législateur national. Les collectivités locales vont lancer de plus en plus d'expérimentations tout en sachant pertinemment qu'elles seront considérées comme contraires à la loi. Il y a de fortes chances que la législation évolue alors sous pression des collectivités territoriales. D'ailleurs, après des mois d'intenses discussions, un décret du Premier ministre est venu autoriser le recours à la vidéo intelligente pour mesurer le taux de port de masque dans les transports. Preuve de ce bras de fer, la CNIL a récemment rappelé à l'ordre quatre communes qui utilisaient des systèmes de sanction sans intervention humaine, via photo et lecture automatiques des plaques d'immatriculation, alors que la verbalisation automatisée n'est autorisée – en l'état actuel de la réglementation – que pour les entorses au stationnement payant, pas pour des infractions pénales comme le stationnement gênant ou dangereux. Si la pression ne vient pas des élus locaux eux-mêmes, elle viendra des opérateurs privés. Les villes nouvelles fournissent un terrain de jeu idéal. Dans feu son projet à Toronto, Sidewalk, une filiale de Google, avait proposé de multiplier les caméras le long des rues, d'équiper les trottoirs de capteurs de pression pour connaître la circulation piétonne, et de créer son propre système de gestion d'identité.

La proposition de loi relative à la sécurité globale, qui a fait couler beaucoup d'encre quant à la diffusion du visage ou de tout élément d'identification des membres des forces de l'ordre en opération dans un but malveillant, vise surtout à tenter de mettre en adéquation la politique de sécurité avec les outils technologiques actuels. « Tenter », car l'ambition est timorée. Le texte prévoit que les services pouvant visionner les images de vidéoprotection seront élargis. Ainsi la police pourra visionner les images tirées des caméras des commerces et des bailleurs publics. Le service de sûreté interne de la SNCF, parfois nommée la SuGe, pour « sûreté générale », mais aussi celui de la RATP, auront accès à la vidéoprotection de la voie publique. Comme nous l'avons déjà vu, les caméras piéton seront généralisées pour les policiers et gendarmes d'ici à juillet 2021. Les forces de l'ordre et les services de sécurité civile pourront également disposer de caméras embarquées dans leurs véhicules. Les images pourront être transmises en direct au poste de commandement si la sécurité des agents, des biens ou des personnes est menacée, et le personnel sur le terrain pourra accéder directement à leurs enregistrements sous certaines limites. L'article 22 de la proposition de loi définit le régime juridique de l'usage des drones par les forces de l'ordre : pour la sécurisation de rassemblements en cas de risque de troubles graves à l'ordre public, pour la prévention des actes de terrorisme, pour la surveillance des littoraux et des zones frontalières, pour le secours aux personnes. L'intérieur des domiciles et les entrées ne pourront pas être filmés et le public devra être informé « par tout moyen approprié ». Au-delà du caractère risible de certaines obligations, comme celle obligeant les véhicules avec caméras embarquées à arborer une signalétique spécifique pour la bonne information du public – comme si les passants et les autres conducteurs avaient besoin d'être ainsi informés –, cette loi reste muette sur la reconnaissance faciale alors que d'autres démocraties voisines ou amies n'hésitent pas à la mettre en pratique. La moitié de tous les adultes américains sont déjà inclus dans les bases de données de reconnaissance faciale de la police. En 2019, la Nouvelle-Zélande a organisé un grand appel d'offres pour le déploiement d'un algorithme de reconnaissance faciale comparant les 1,5 million de photos d'identité des prisonniers, des titulaires de permis d'armes à feu, des personnes disparues et des délinquants sexuels, avec les images enregistrées par les milliers de caméras que compte le pays. Leur nombre a doublé en moins de cinq ans. La police souhaite également que le système permette des recherches à partir des tatouages. Comme à Londres, c'est le système NeoFace du japonais NEC qui a été retenu. En Allemagne, le ministre de l'Intérieur Horst Seehofer a présenté l'année dernière un plan pour étendre la reconnaissance faciale à 134 gares et 14 aéroports d'ici à 2024, suite à une expérimentation jugée concluante à la gare de Südkreuz à Berlin. 300 volontaires s'étaient laissé observer par des caméras de surveillance pendant un an, après avoir laissé inscrire leurs photos de profil dans une base de données de la police – imitant le traitement par la police des vrais suspects. Le système avait obtenu une précision moyenne de 80 %, et le logiciel n'avait identifié à tort qu'une personne sur 1 000. Ce plan a été freiné par le commissaire fédéral à la protection des données, soutenu par la Cour constitutionnelle fédérale. Si, actuellement, le pays n'a pas de cadre juridique clair pour la mise en œuvre d'une technologie de vidéosurveillance avancée, un tribunal administratif, celui de Hambourg, a déclaré qu'était illégale la suppression d'une base de données controversée contenant des images des manifestations du sommet du G20 dans la ville. En 2017 la loi allemande a évolué, permettant à la police et aux services de renseignement de chercher dans les photos de passeport pour toute affaire judiciaire, et plus seulement pour celles relevant du pénal. Cela revenait à créer une première base de données biométriques à l'échelle du pays. La police a recours de plus en plus fréquemment à ces technologies. Les images faciales biométriques avec lesquelles les photos d'inconnus sont comparées sont stockées dans la base de données centralisée de la police, dénommée INPOL-Z. Le nombre de photographies de cette base est d'environ 6 millions de portraits pour 4 millions de personnes. En 2019, les forces de police allemandes ont lancé environ 54 000 recherches avec reconnaissance faciale contre 14 000 quatre ans plus tôt. 2 100 personnes ont été trouvées par ce procédé.

La crise sanitaire comme accélérateur

On l'a dit, la crise sanitaire a été un véritable test sur l'acceptation des dispositifs de vidéosurveillance, et plus largement de surveillance. Afin d'éviter la propagation du coronavirus, dans le cadre de la stratégie « tester, tracer et isoler », les gouvernements ont multiplié les dispositifs permettant de savoir avec qui une personne avait été en contact et de vérifier si elle respectait bien sa période de quarantaine en cas de positivité ou d'arrivée d'un autre pays. À Hong Kong, tous les voyageurs arrivant de l'étranger sont soumis à une quarantaine de deux semaines à l'hôtel ou à domicile au cours de laquelle ils doivent porter un bracelet électronique. Celui-ci se connecte à une application mobile et alerte les autorités en cas de sortie de l'appartement ou de la chambre d'hôtel. La Corée du Sud utilise une application qui donne les emplacements par GPS et envoie des alertes lorsque des personnes rompent leur quarantaine. À Taïwan, si quelqu'un manque l'appel de vérification ou que son téléphone apparaît en dehors de la zone de quarantaine, la police intervient dans l'heure. Ces dispositifs ne sont pas réservés qu'aux pays asiatiques.

La Pologne a lancé une application qui permet aux personnes en quarantaine d'envoyer des selfies pour informer les autorités qu'elles restent bien chez elles.

En Chine, la surveillance du domicile a augmenté d'un cran avec l'utilisation de la vidéo. Lorsque la pandémie de Covid-19 a éclaté, la volonté de restreindre la circulation et de sécuriser les espaces a été plus forte que jamais. À Nankin, dans l'est de la province du Jiangsu, des caméras ont été placées devant les portes des personnes en quarantaine pour les surveiller 24 heures sur 24. D'autres initiatives similaires semblent moins le fruit d'une politique nationale que de mesures prises à l'échelon local. En Chine, la vie urbaine est gérée par un comité de quartier, héritage communiste de l'ère Mao, qui est maintenant devenu le fondement d'un système de contrôle social. Officiellement, ces organes sont autonomes, mais ils travaillent en lien étroit avec les autorités locales en signalant les activités suspectes. Depuis le déclenchement de la pandémie, les comités de quartier ont bénéficié d'une grande marge de manœuvre et ont été chargés de lutter contre la propagation du virus dans les complexes résidentiels en faisant appliquer la quarantaine à domicile et en assurant l'approvisionnement en nourriture et l'évacuation des ordures. Certaines personnes se sont plaintes que des caméras avaient même été placées à l'intérieur de leur domicile lorsqu'il n'avait pas été possible de les installer à l'extérieur. La plupart des caméras sont surveillées en permanence par les agents communautaires. À Shenzhen, les caméras étaient directement connectées aux smartphones des policiers. Ces dispositifs semblent cependant moins efficaces en matière de fausses alertes que des dispositifs de géorepérage couplé à un bracelet individuel. En outre, à la fin de leur quarantaine, tous les résidents ont déclaré que les caméras avaient été retirées. La reconnaissance faciale a également beaucoup progressé pour sa capacité à éviter les contacts physiques et donc les risques de contamination à cause d'une poignée de porte, d'un lecteur de carte ou même d'un bouton d'ascenseur.

L'enrôlement des citoyens

À l'automne 2020, Netflix a publié une longue enquête sur la disparition d'une Américaine du Colorado, Shannan Watts, assassinée avec ses deux filles par son mari volage. Le rythme haletant du documentaire est facilité par la masse d'images captées depuis de multiples points de vue : caméra à l'intérieur de la maison, visiophone ayant enregistré les derniers instants de la victime, caméra des voisins ayant capturé le mari en train de charger quelque chose dans sa voiture, caméra subjective du policier qui arrive le premier sur les lieux après la disparition, caméra de la ville repérant le restaurant partagé par le mari et sa maîtresse, etc. Les deux heures du documentaire masquent toutefois mal le fait que, grâce à la puissance de la vidéo, l'affaire a été résolue en moins de deux jours.

Dans un document datant de 2018, le cabinet de conseil Accenture avait prédit que les réseaux de caméras intelligentes se déploieraient sur trois niveaux de maturité. Cette adoption en plusieurs étapes permettant à la société d'abandonner progressivement ses préoccupations au sujet de la vie privée. Le premier niveau correspond aux réseaux de vidéosurveillance directement opérés par les forces de l'ordre pour enquêter sur les crimes après les faits. D'ici à 2025, la société atteindrait le deuxième niveau, consistant en la connexion entre les réseaux de caméras d'institutions publiques, comme les écoles et les hôpitaux, et ceux d'entreprises, notamment dans les lieux recevant du public. Dans de nombreuses villes américaines, les espaces recevant du public sont invités à connecter leurs caméras au réseau de surveillance de la police municipale. À Détroit, en janvier 2016, la police a fait une première expérimentation avec huit stations-service situées dans des quartiers au fort taux de criminalité. Quatre ans plus tard, plus de 700 commerces étaient impliqués dans le programme, nommé Project Green Light. Les villes de La Nouvelle-Orléans, de New York, de Chicago ou d'Atlanta ont des programmes similaires. Le troisième niveau devrait arriver d'ici à 2035. Certains résidents feront volontairement don de leurs caméras, tandis que d'autres seront encouragés à le faire par des incitations fiscales ou une compensation financière. Un système de surveillance centralisé s'appuiera sur un réseau décentralisé de caméras pour nourrir des algorithmes de plus en plus prédictifs des comportements illégaux. En fait, cette vision est déjà en œuvre. Parce que la constitution d'un réseau de surveillance ubiquitaire reste coûteuse, les forces de police ont encouragé les particuliers et les lieux recevant du public à s'équiper en caméras et à les connecter au réseau public, faisant croître significativement le volume de données que peuvent absorber les algorithmes. Plus de quatre cents polices municipales à travers les États-Unis utilisent la technologie de Ring pour moderniser la lutte contre le crime. Mi-juillet 2020, quelques heures avant l'aube, un homme de Chandler, dans la banlieue de Phoenix, est réveillé par une alerte sur son téléphone. Elle provient de sa caméra de sécurité Ring qui vient de détecter un mouvement à l'extérieur de son domicile. La vidéo en direct montre un groupe de jeunes hommes cherchant à pénétrer par effraction dans des voitures. L'homme appelle la police puis poste la vidéo sur Neighbours, la plateforme de Ring. Sur celle-ci vous pouvez trouver des alertes de la police, des téléchargements de vidéos par des voisins en cas de comportements suspects, des échanges avec la police. En Arizona comme en Floride, Ring donne gratuitement aux polices municipales des dizaines de caméras qui sont ensuite distribuées à certains particuliers. À Chandler, 20 000 habitants utilisent l'application Neighbours sur une population de 200 000 adultes. La plupart des vidéos obtenues par la police via Ring sont fournies volontairement par les propriétaires. Mais en plus, dans certains cas, des ordonnances judiciaires peuvent être requises pour accéder aux vidéos. Un tel réseau décentralisé est en pratique invulnérable. Détruire chacun de ces composants équivaudrait à entrer dans de multiples propriétés. Sa redondance est sa force, et l'investissement unitaire étant réduit, il est mis à jour beaucoup plus régulièrement.

En moins de dix ans, Nextdoor est devenu un réseau social de quartier comptant pas moins de 10 millions d'utilisateurs. La plateforme permet aux voisins – il faut strictement habiter dans le quartier en question – d'échanger des informations, partager des objets, se rendre des services, organiser la vie de quartier ou poster les photos de ses animaux disparus. Suite à la demande croissante de ses membres, elle a récemment ouvert une application dédiée à la sécurité, en lien avec les forces de l'ordre. Celles-ci peuvent poster des alertes à l'échelle d'une ville entière. Si les discussions de la rubrique « Crime et sûreté » ne représentent que 5 %

des publications sur la plateforme, cela équivaut tout de même à plus d'un million de messages dédiés à la sécurité. Une fonctionnalité permet de transférer directement, en un clic, signalements et plaintes aux forces de l'ordre, quasiment toujours agrémentés de photos ou de vidéos.

À New York, la participation des citoyens est récompensée. Depuis novembre 2020, tout habitant est en mesure de signaler les voitures en stationnement illégal via une plateforme avec un dépôt d'image. Il reçoit en échange un quart de l'amende, soit 45 dollars. Il est attendu de ce dispositif une baisse d'occupation par les voitures des pistes cyclables, des voies réservées aux autobus, des trottoirs, des passages pour piétons et des bornes d'incendie. En 2013, le gouvernement local du comté de Pingyi en Chine a commencé à installer des dizaines de milliers de caméras de sécurité dans les zones rurales. Ces caméras ne sont pas seulement surveillées par des policiers et des algorithmes mais aussi par les habitants qui peuvent regarder des images de sécurité en direct et appeler la police s'ils voyaient quelque chose d'anormal. En 2015, le gouvernement chinois a annoncé que ce programme serait déployé dans tout le pays, avec un accent particulier sur les zones rurales. Il a été baptisé Sharp Eyes, une référence à une citation de Mao Zedong sur le peuple aux « yeux perçants » capable de surveiller les voisins qui ne respectent pas les valeurs communistes.

En France, au cœur du bocage normand, au bord de la route départementale, un panneau annonce la présence d'un réseau de vigilance citoyen en liaison immédiate avec la gendarmerie. La participation citoyenne, appelée à ses débuts, au milieu des années 2000, « voisins vigilants », avant que l'expression ne soit déposée comme marque par une entreprise, rassemble les dispositifs de surveillance mis en place entre les municipalités et les forces de l'ordre pour faire participer les citoyens à la politique publique de sécurité. Concrètement, cela consiste à sensibiliser les habitants d'une commune ou d'un quartier à adopter une attitude vigilante et solidaire, ainsi qu'à informer les forces de l'ordre de tout fait particulier, notamment pour prévenir les cambriolages. C'est en 2006 que la compagnie de gendarmerie de Grasse dans les Alpes-Maritimes a établi un premier partenariat avec un groupe de voisins, suivant la proposition de résidents anglo-saxons familiers du *neighbourhood watch*. Un peu plus de dix ans plus tard, en 2017, sur l'ensemble des zones couvertes par la gendarmerie, 3 200 communes sont engagées dans ces dispositifs. La composante image et vidéo devient de plus en plus prégnante. Ainsi, dans le Loir-et-Cher, le projet baptisé « Télémus 41 » a été lancé en 2019.

Il s'agit d'un groupe d'intérêt public (GIP) rassemblant la préfecture, la gendarmerie, la police nationale, le conseil départemental et le syndicat intercommunal de vidéoprotection, qui permet un cofinancement pour la mise en place d'un renvoi d'images de caméras de vidéoprotection vers le centre d'opérations et de renseignements de la gendarmerie, la constitution d'un réseau de lecteur automatique de plaques d'immatriculation (LAPI), et le développement d'une application de remontées de signaux faibles – ces informations précoces, de faible intensité, pouvant annoncer un événement important – par les habitants volontaires. Cette participation des citoyens à la sécurisation de la ville a trouvé un usage très concret récemment. Le 11 décembre 2019, à Nice, quinze bornes d'appel d'urgence étaient présentées à la presse par le maire. Mises en place pour faciliter les interventions de la police municipale en cas d'agressions, de vol ou d'attaque terroriste, il aura fallu moins de dix mois pour qu'elles se révèlent cruciales. À 8 h 54, ce jeudi 29 octobre 2020, le centre de supervision urbain de Nice reçoit une alerte depuis la borne d'urgence installée près de la basilique Notre-Dame. Quatre minutes plus tard, les premiers coups de feu sont tirés par la police municipale pour appréhender un terroriste islamiste. En appuyant sur le bouton d'alerte jaune de la borne, le témoin d'un fait entre en communication audio et vidéo avec un policier municipal qui peut activer les caméras à proximité de la borne, localiser le danger et envoyer des agents sur le terrain. Si la présence de cette borne n'a pas empêché le passage à l'acte, elle a permis une réaction rapide des forces de police, évitant ainsi un massacre de plus grande ampleur.

Cette stratégie d'implication des citoyens peut se faire dans le déploiement d'un réseau privé de caméras, mais aussi dans le couplage entre surveillance numérique et surveillance physique. Saint-Pétersbourg, deuxième plus grande ville de Russie avec une population de plus de 5 millions d'habitants, déploie, tout comme Moscou, des caméras dans le cadre du programme fédéral « Safe City ». Le nombre de ces caméras publiques est de 30 000, mais les vidéos des caméras appartenant à des organisations privées rejoignent le système de surveillance de la ville. La municipalité finance d'ailleurs l'installation de caméras dans les entrées des immeubles résidentiels. Une application mobile, Safe-St.Petersburg, lancée en 2019, permet à tous les utilisateurs de participer à la vidéosurveillance de la ville à condition de s'être identifié via le portail centralisé Gosuslugi de la fédération de Russie. Après avoir signalé un événement, un utilisateur peut trouver la caméra vidéo la plus proche de la scène, voir en direct ce qu'elle filme, envoyer une demande de sauvegarde de l'archive vidéo et transférer la vidéo de la scène au poste de surveillance. L'identification numérique préalable permet d'éviter les dénonciations calomnieuses et de réduire le nombre de faux signalements.

Des preuves pour la justice

Le prochain champ de bataille de la vidéo sera les tribunaux. Non pas pour en condamner l'usage, mais plus sûrement pour venir documenter des affaires en cours. Sur les réseaux sociaux, ces messages : « ** NEED YOUR HELP ***Hello Twitter, Suite à une agression vendredi soir dernier à Paris (1er Arr) sur une femme sans défense, je suis à la recherche de toute information permettant d'identifier ces deux individus (DM ouvert). Merci d'avance de RT cette vidéo » ; « SOS Appel à témoins : connaissez-vous ces individus ayant commis un cambriolage le 21 mai à 13 h 50 chez moi à Boulogne-Billancourt ? Merci de votre aide et merci de RT en masse [Mains jointes]. D'autres photos/vidéos en thread [Flèche vers le bas]. »

Aussi invraisemblable que cela puisse paraître, de telles diffusions ne sont aujourd'hui pas sans risque pour ceux qui les postent. Toute personne a droit à la présomption d'innocence et à la protection de sa vie privée, dont l'image fait partie. En 2016, à Nancy, un chirurgien-dentiste, constatant le vol de sa sacoche laissée derrière le comptoir d'accueil de son cabinet – et le vol par la même occasion des 1 000 euros qu'elle contenait –, avait mis en ligne sur Facebook les images de la vidéosurveillance, avec ce commentaire : « Si l'un d'entre vous reconnaît [la voleuse], je vous serais infiniment reconnaissant de m'en faire part. Cette vidéo est à partager au maximum. » Après 175 000 vues en 72 heures, une femme de 52 ans est reconnue. Elle avoue avoir volé la sacoche, mais annonce également qu'elle va porter plainte contre sa victime pour atteinte à l'intimité de la vie privée. Finalement la voleuse a été condamnée et sa plainte classée sans suite.

Les règles de protection de la vie privée sont évidemment beaucoup plus strictes pour les lieux recevant du public – commerces ou cabinets médicaux – que pour les particuliers. La police prête une oreille de plus en plus attentive à ces preuves. Ainsi, en 2018, une jeune femme avait filmé son agresseur qui lui avait touché les fesses sur un quai de la station de métro Gare de Lyon, à Paris. Après qu'elle avait diffusé la vidéo sur les réseaux sociaux, la police l'a contactée et ouvert une enquête pour retrouver l'agresseur. Une vidéo facilite aussi les aveux et la reconnaissance de culpabilité : difficile de nier quand on se trouve confronté à sa propre image. Depuis 2007, filmer des violences rend complice de ces violences. Pour le législateur, il s'agissait de lutter contre le *happy slapping* qui consiste à filmer des scènes violentes pour ensuite en diffuser les images, situation donc où, le plus souvent, la personne qui filme est de connivence avec les agresseurs. Mais cette loi a créé une présomption légale de complicité qui pourrait concerner un tiers filmant une agression dont il serait témoin dans la rue. Les deux seules exceptions sont lorsque l'enregistrement résulte de l'exercice normal d'une profession ayant pour objet d'informer le public – autrement dit les journalistes – et lorsqu'il est réalisé afin de servir de preuve en justice. La diffusion de telles images est un délit distinct, punissable de cinq ans de prison et 75 000 euros d'amende. Des images prises par une caméra de surveillance, pour servir de preuves, pourraient donc être diffusées sur Internet sans contrevenir à la loi.

Du côté des tribunaux, il est peu probable que les magistrats se passent du recours à l'image filmée pour instruire ou pour juger. Les règles d'admissibilité de la preuve par vidéosurveillance souffrent d'une grande imprécision. Seule la captation d'images effectuée par les services enquêteurs eux-mêmes est encadrée, alors que l'exploitation de vidéos tierces – qu'elles aient été envoyées par des témoins ou diffusées sur Internet dans le cadre d'une procédure judiciaire – n'est régie par aucun texte juridique. La preuve est libre en matière pénale, conformément à l'article 427 du Code de procédure pénale, ce qui suppose l'admissibilité de tous les modes de preuve en l'absence de dispositions législatives contraires. La preuve vidéo n'a ainsi pas de traitement juridique particulier, pas plus que n'en a l'ADN. Prenons l'exemple des caméras embarquées. La France les autorise à usage privé, interdisant à leurs utilisateurs de mettre des images publiquement en ligne. Néanmoins, en cas d'accident de la route et de délit de fuite, elles peuvent être versées au dossier. La plus haute juridiction civile allemande a récemment statué en faveur de l'acceptation des images des caméras de tableau de bord comme preuve devant la justice, mais stipule toujours que, pour protéger la vie privée, toute séquence publique de ces mêmes caméras doit flouter les plaques d'immatriculation, les visages ou toute autre image personnelle. Son homologue suisse a décidé que les preuves issues de caméras de tableau de bord pouvaient être autorisées en fonction de la gravité des faits. En l'espèce, les magistrats ont considéré qu'un dépassement n'ayant pas entraîné d'accident n'est pas un motif suffisant pour qu'un enregistrement puisse être retenu devant la justice. En France, le juge va prendre en compte la fiabilité technique du matériel. Ainsi, un ami maire me confiait récemment, avec dépit, que le juge avait refusé de faire le lien entre une vidéo infrarouge d'un individu équipé d'une batte de baseball dégradant des voitures et une vidéo normale où il était possible de reconnaître l'individu en question, au motif que la ressemblance n'était pas prouvée. Certains avocats plaident néanmoins pour encadrer l'usage de la vidéo dans la procédure judiciaire. Ils pointent du doigt la difficulté de faire respecter le principe du contradictoire pour discuter l'authenticité de certaines preuves vidéo, notamment lorsqu'elles émanent de particuliers ou de productions journalistiques. D'autres affirment que le caractère spectaculaire de l'image, voire la sidération qu'elle engendre, peut influencer une décision sans qu'elle soit d'une force probante irréfutable. Ce qui était très vrai avec une photo dont l'angle, le plan, la coupe, la lumière, pouvait modifier l'interprétation, l'est beaucoup moins avec une vidéo qui reflète une séquence d'actions, permet de multiplier les points de vue. Ce que Robert Doisneau disait à propos de la photographie, à savoir qu'« il y a mille propositions du hasard dans un centième de seconde », n'est guère valable pour une vidéo. Et a fortiori avec l'augmentation spectaculaire de la qualité des extraits, ce dont on pouvait se plaindre il y a quelques années encore. Le vrai problème est plus la façon dont les photos ou vidéos alimentent le tribunal de l'opinion et les réseaux sociaux que les cours de justice. En tout état de cause, un traitement particulier par la justice de la preuve vidéo se traduirait par une restriction de l'admissibilité et nourrirait évidemment un fort rejet populiste contre le système judiciaire.

L'anonymat des décisions de justice viendra à souffrir également. Les visages ne pourront pas toujours être floutés. Des personnes seront identifiées, sans même parler du moment où les algorithmes de reconnaissance faciale prendront le dessus. De plus en plus l'identification passera par des bases de données privées. Au niveau le plus rudimentaire, l'affichage public de délinquants supposés vient régulièrement alimenter la chronique : ici un supermarché parisien avec un mur des voleurs en 2015, là une association d'habitants de Villeneuve-d'Ascq à propos de cambrioleurs réguliers en 2013, ou encore une supérette à Tarascon en 2008. Mais à cet affichage physique pourrait bien se substituer bientôt des bases de données numériques avec des portraits de supposés criminels. Elle existe déjà pour une quarantaine de criminels particulièrement recherchés par Europol. Mais elle pourrait s'étendre aux anciens condamnés ou même à des suspects. Ainsi, aux États-Unis, les bases de données des délinquants sexuels sont en libre accès. En France, Eunomie – du nom de la déesse grecque de l'ordre – est un groupe qui s'organise pour repérer des personnes suspectées d'être pédophiles. Une quarantaine de justiciers anonymes se font passer pour des mineurs sur les réseaux sociaux afin de piéger ces prédateurs. Si, en France, le groupe se contente de constituer un dossier transmis ensuite aux forces de l'ordre, au Royaume-Uni il s'agit bien souvent de dénoncer publiquement. Des vidéos de la rencontre entre le pédophile et sa supposée cible sont enregistrées, puis diffusées sur Internet. En juillet dernier, un cas a été jugé par la Cour suprême britannique où un prédateur attrapé invoquait la protection de sa vie privée concernant les informations collectées au cours de cette traque, protection que la Cour lui a déniée.

La démocratisation de la sousveillance met sous pression l'État pour généraliser la surveillance au risque d'être débordé, critiqué pour son inefficacité à maintenir l'ordre. Nous sommes à l'aube d'un populisme technologique avec des citoyens utilisant des technologies de captation vidéo et de reconnaissance faciale, que l'État interdit, pour se faire justice eux-mêmes.

Partie 4

L'État français doit d'urgence se réarmer

Gouverner, de nos jours, est un exercice difficile. À l'heure de la remise en cause de l'autorité et du rôle des experts, l'État est la dernière cathédrale encore présente et debout dans un monde où toutes les autres ont disparu, pour reprendre l'analogie de Nicolas Colin. Il faut relire le court article de Tom Nichols, « The Death of Expertise », paru en 2014[1], republié sous forme d'essai pendant la présidence Trump[2]. Il montre que l'autorité naturelle ayant disparu, il reste l'autorité acquise par l'efficacité. Le consentement est alors savamment dosé comme un produit des résultats. Si l'efficacité perçue diminue, la légitimité diminue d'autant, rendant encore plus difficile l'exercice des missions. Sous l'influence des outils numériques de traitement des données, la divergence entre les États performants et ceux non performants va s'accentuer de plus en plus, comme elle s'est déjà creusée au sein des entreprises et entre individus. Ce qui a rendu les États forts, c'est leur capacité à collecter des données et à organiser les bases de données. D'abord dans une visée fiscale, afin de pouvoir correctement évaluer les ressources qui pouvaient être extraites de la population, ensuite pour des usages sécuritaires, afin de connaître précisément les individus qui composaient la nation. Mais depuis deux décennies, l'État français – la remarque vaut pour ses voisins – n'a pas su suivre la formidable montée en puissance des outils numériques pour approfondir son contrôle des données. L'État, qui a pourtant passé son histoire à connaître les individus composant la nation, ne sait plus grand-chose de nous. Au contraire, pas un jour ne passe sans que des failles dans le système d'identité soient révélées, montrant usurpations ou abus de situation. Le mot « fichier » est devenu un repoussoir absolu, garantissant à coup sûr des réactions indignées, même quand il s'agit de sujet liés à la sécurité nationale. L'amélioration de l'appareil statistique bute systématiquement sur la question des libertés fondamentales. Les bases de données sont mal renseignées et faiblement exploitables. Un cercle vicieux se crée. Parce que les citoyens ne considèrent plus l'État comme légitime, ils ne veulent pas lui confier les données, ce qui le rend moins efficace et moins légitime. Voici aujourd'hui les vieux États occidentaux paradoxalement moins armés que les géants de la publicité comme Google ou Facebook, à qui le consentement est donné d'un simple clic. Regardons l'application FaceApp, lancée en 2017, qui permet d'agrémenter de divers filtres des photos-portrait, pouvant ainsi faire paraître plus jeune ou plus vieux, ou changer de genre. Eh bien pour quelques minutes d'amusement, voilà que 100 millions de personnes ont donné une licence très large, globale et à vie, dans l'utilisation de leurs images, à la société russe Wireless Lab. C'est dans cette perspective que les technologies de la surveillance prennent corps. Elles sont l'indispensable auxiliaire d'un État moderne. Sans elles, pas d'efficacité. Sans elles, pas de légitimité.

Donner une identité fiable et unifiée

Reprenons chacun des éléments. L'identité d'abord. Elle correspond à l'ensemble des traits ou caractéristiques qui, au regard de l'état civil, permettent de reconnaître une personne et d'établir son individualité au regard de la loi. L'identité c'est d'abord un nom et un prénom, ainsi qu'une date de naissance. Ce sont des éléments fixes qui ne sauraient varier. À cet égard, il est cocasse de voir dans de nombreux contrats la référence à la profession comme marqueur de l'identité à une époque où la nomenclature des métiers a volé en éclats et où l'instabilité professionnelle s'est considérablement accrue. Ce peut être aussi des marqueurs biométriques. La naissance de l'identité judiciaire au tournant des XIXe et XXe siècles a poussé à la mise au point de techniques d'identification, parmi lesquelles l'anthropométrie, les photographies signalétiques, le signalement descriptif ou encore la dactyloscopie. Alphonse Bertillon créa un système d'identification des criminels par photos anthropométriques en 1888 et identifia Ravachol, responsable d'attentats anarchistes, alors inconnu des services de police. C'est aussi un numéro unique que l'État nous donne à la naissance. C'est en 1946, aboutissement d'une longue construction d'un arsenal statistique de plus en plus individualisé, que le « numéro des Français », proposé en 1940 par René Carmille, contrôleur général des armées, est adopté par la Sécurité sociale. Il est conçu pour rester immuable la vie durant, à quelques exceptions près qui impliquent un changement profond de notre identité. Ainsi l'administration accepte le changement de sexe, et même le changement de prénom. Ce numéro nous inscrit sur le répertoire national d'identification des personnes physiques (RNIPP). Sont concernées les personnes nées en France, ou nées à l'étranger et qui viennent travailler en France. Ce numéro est notamment utilisé par les organismes d'assurance maladie pour la délivrance des cartes Vitale, d'où son appellation commune de « numéro de sécurité sociale ». Le registre permet de préciser si une personne est en vie ou décédée. Il est utilisé par l'administration fiscale, la Banque de France, pour le répertoire des entreprises SIRENE, et permet la gestion du fichier électoral. 110 millions de personnes y sont inscrites, dont 84,2 millions sont « réputées en vie », selon la formulation de l'Insee qui en a la charge. Soit 17 millions de plus que le nombre d'habitants au recensement, ce qui s'explique car ce fichier comporte aussi bien un étudiant étranger ayant fait ses études et étant reparti qu'une personne née sur le sol français mais expatriée. On sait qu'il y a environ 2,5 millions de Français vivant à l'étranger. L'écart reste donc significatif. L'Insee reconnaît qu'il existe un problème de mise à jour des personnes inscrites au RNIPP qui décèdent à l'étranger. Ainsi 3,1 millions de centenaires réputés vivants figurent dans le répertoire alors qu'ils ne sont que quelque 20 000 à être recensés en France.

Pour rappel, l'identification permet de s'assurer que l'identité du demandeur d'accès est dans une base de données, alors que l'authentification consiste à vérifier le lien entre l'identité et la preuve de l'identité. L'une comme l'autre s'effectuent selon la combinaison de plusieurs facteurs qui sont : un objet que vous possédez (carte, badge ou clé physique), un élément que vous connaissez (comme un mot de passe) ; un élément faisant partie intégrante de vous tel un élément biométrique (empreintes ou rétines). Les objets sont anciens. En 1716, un cartouche de congé standard est remis à tous les soldats français en permission. Il comporte notamment le signalement du soldat : c'est l'un des premiers documents d'identité moderne. La première carte d'identité française est créée en 1921 dans le département de la Seine. Si le régime de Vichy avait rendu la carte d'identité obligatoire, depuis 1955 elle est redevenue facultative. Aujourd'hui les titres d'identité en France sont le passeport et la carte nationale d'identité, qui jouent un rôle crucial en matière de sécurité intérieure et de contrôle des flux migratoires.

Parce qu'ils sont stratégiques, les documents d'identité sont souvent victimes de fraudes. Il en existe de deux types. La première est la fraude documentaire, qui porte principalement sur la falsification et la contrefaçon de documents administratifs. La seconde est la fraude à l'identité, qui recouvre à la fois l'usage frauduleux d'un document authentique – où le fraudeur utilise un document authentique qui ne lui appartient pas et se sert de sa ressemblance physique avec le titulaire – et l'obtention indue de documents – où le délinquant va présenter de faux justificatifs ou des justificatifs appartenant à un tiers en vue d'obtenir un document authentique. Les journaux regorgent de faits divers où on apprend combien ils sont falsifiés. En août 2020, en Seine-et-Marne, cinq policiers sont blessés après une folle course-poursuite causée par un étranger ayant l'obligation de quitter le territoire français et qui était connu sous pas moins de neuf identités différentes. En septembre 2020, il est révélé que le terroriste qui a agi près des anciens locaux de *Charlie Hebdo* a menti, à son arrivée en France, sur son nom et sur son âge, faisant alors croire à l'administration qu'il avait 15 ans alors qu'il en avait 22. En novembre 2020, le terroriste responsable de la tuerie au couteau à la basilique Notre-Dame de Nice a été retrouvé en possession d'un document d'identité sans photo. Selon l'Observatoire national de la délinquance et des réponses pénales (ONDRP), près de 127 000 suspects mis en cause dans une affaire pénale en 2017 ont déclaré au moins deux identités, et le chiffre probable était sans doute supérieur à 200 000. Ce phénomène a augmenté de plus de 29 % depuis 2009. La délinquance des mineurs non accompagnés a explosé, comme le montre un récent rapport parlementaire[3]. Un mineur isolé étranger sur dix aurait commis des actes de délinquance. D'après ses auteurs, l'absence d'identité est le premier mal à combattre, non seulement pour bâtir des parcours pénaux cohérents, mais aussi pour éviter la présence de jeunes majeurs dans le circuit de la justice pénale des mineurs.

Au-delà des questions de sécurité se pose celle de la fraude. Charles Prats se bat depuis plusieurs années contre la fraude sociale en pointant le problème d'identification des bénéficiaires. Son livre *Le Cartel des fraudes*[4] a mis en lumière un phénomène dont semble progressivement prendre conscience la classe politique. En juin 2019, le sénateur Jean-Marie Vanlerenberghe a rendu un rapport exploratoire sur les conséquences de la fraude documentaire sur la fraude aux prestations sociales. En octobre de la même année, deux parlementaires, Carole Grandjean, LRM, et Nathalie Goulet, UDI, ont présenté un rapport plus complet, résultat d'une mission que leur avait confiée le gouvernement. À la suite de celui-ci, en septembre 2020, la Cour des comptes a remis un rapport, commandé par la commission des affaires sociales du Sénat. Le même jour, une commission d'enquête à l'Assemblée publiait ses propres recommandations, notamment un audit complet, par un organisme extérieur, du répertoire national d'identification des personnes physiques (RNIPP), du système national de gestion des identités (SNGI) ainsi que de la sécurisation des actes d'état civil et des justificatifs de résidence par l'utilisation du cachet électronique visible (CEV), ce dernier étant déjà expérimenté avec succès par le CROUS.

De nombreux délits financiers trouvent racine dans des problèmes d'identification. Surpris que des arnaques de plusieurs dizaines de millions d'euros fassent si souvent les gros titres, j'échangeais avec un douanier sur les fraudes à la TVA par fausse facture. Il m'a expliqué la facilité pour quelqu'un de créer une entreprise en utilisant une carte d'identité volée. Quelques semaines auparavant il avait auditionné une coiffeuse qui n'avait pas moins de quatre sociétés et deux crédits à son nom, et ce sans le savoir. Son tort ? S'être fait voler son portefeuille avec ses papiers dedans. 8 % des Français, soit 400 000 personnes, déclarent avoir été victimes d'usurpation d'identité au cours des dix dernières années[5]. La France n'est pas seule en Europe. Interpol estime que 450 000 faux passeports circulent désormais en Europe. Au plus fort de la crise des migrants, en 2015, un homme barbu en survêtement est entré dans un commissariat de police de Francfort. Ses poches étaient vides, à l'exception d'un vieux téléphone portable et de quelques pièces de monnaie étrangères. Dans un anglais approximatif, il s'est présenté comme réfugié syrien. Il a déclaré avoir traversé la moitié du continent à pied et avoir perdu ses papiers en chemin. Les officiers l'ont photographié et ont pris ses empreintes digitales. Au cours de l'année suivante, il a obtenu un logement et une audience d'asile, et a eu droit à des prestations mensuelles. En réalité, cet homme était lieutenant dans l'armée allemande. Il avait assombri son visage et ses mains avec le maquillage de sa mère et appliqué du cirage pour chaussures sur sa barbe. Il n'avait pas traversé l'Europe à pied, mais marché juste dix minutes depuis sa maison d'enfance dans la ville d'Offenbach. Il ne parlait pas arabe. Son arrestation en avril 2017 a stupéfié l'Allemagne. Il aurait en effet acheté des armes afin de mener des attaques contre le ministre de la Justice de l'époque et la vice-présidente du Bundestag, jugés trop favorables à l'immigration. Son procès débutera en mai 2021.

La piètre qualité des éléments d'identité est considérée comme un problème depuis deux décennies. Elle a poussé à l'adoption d'un règlement européen en 2004, qui impose aux États membres de l'Union européenne de délivrer désormais des passeports dotés d'une puce électronique contenant non seulement la photographie faciale, mais aussi les empreintes digitales numérisées du détenteur du document. Cela justifie le terme de « passeport biométrique » utilisé pour qualifier ces nouveaux titres. L'agence nationale des titres sécurisés, créée en 2007, a piloté le passage à cette nouvelle génération de titres d'identité. Tout passeport délivré juin 2009 est biométrique. Sur la couverture d'un tel document, le mot « passeport » est souligné. Cela signifie qu'un composant électronique, une puce, contenant les données personnelles du titulaire, y est insérée. Les informations sont des données d'identité (nom, prénom, date et lieu de naissance) et des données biométriques (image numérisée des empreintes digitales de deux doigts et image faciale). Les informations contenues dans ce composant électronique ne sont pas réinscriptibles et leur lecture ne peut se faire que par un lecteur spécifique.

Depuis le mois de mars 2021 dans l'Oise, puis sur tout le territoire à partir d'août, les premières cartes d'identité biométriques circulent avec les mêmes caractéristiques que les passeports. Pour que ce travail de montée en gamme des papiers d'identité européens soit complet, l'Union européenne va regrouper, dans un fichier unique, les données biométriques, empreintes digitales et photos-portrait de plus de 400 millions de ressortissants européens et non européens qui franchissent les frontières de l'espace Schengen. En remplaçant l'antique cachet tamponné sur le passeport, le contrôle de la régularité du séjour dans le cadre du nouveau système européen d'entrée/sortie mis en place aux frontières de l'Union européenne devrait être facilité.

Pendant ce temps, la recherche privée en matière biométrique ne cesse de progresser. Amazon travaille déjà sur un logiciel de biométrie vocale capable d'identifier les appelants par le son de leur voix. La biométrie vocale a obtenu des performances très élevées, 1 sur 10 000 faux positifs, dans plusieurs expériences récentes. Dans ses propres magasins à Seattle, les caisses ont disparu et des caméras facturent ce que vous prenez par reconnaissance faciale. Vous pouvez également payer sans contact simplement en présentant la paume de votre main à une dizaine de centimètres d'un lecteur. Est-on réellement prêt à laisser l'avance d'organisations privées se creuser sur ces technologies essentielles pour la souveraineté ?

Cette identité physique doit se poursuivre sur Internet pour faire face à la montée en puissance des services publics à distance. L'identité numérique est aujourd'hui dispersée entre de multiples comptes et identifiants. Pour les services privés, des passerelles existent déjà. Ainsi de plus en plus de sites permettent de se connecter via son compte Google ou Facebook, véritable identité numérique parallèle. La signature électronique à distance se diffuse également, accélérée avec le confinement où elle est devenue possible, y compris pour les actes notariés. Côté organismes publics, France Connect, utilisé par environ 20 millions de Français, est un fédérateur d'identité qui permet, en se connectant à un fournisseur d'identité, par exemple celui des impôts, d'avoir un accès sécurisé à tous les services des autres fournisseurs connectés à l'interface, y compris des services privés comme certaines banques, assureurs ou énergéticiens. Mais il ne s'agit que d'un identifiant et d'un mot de passe, et vous n'avez pas besoin de prouver que vous êtes la personne que vous prétendez être. Il a donc un niveau faible de garantie au regard de la réglementation européenne. À terme, l'État a une occasion unique de reprendre la main sur le monopole de l'identification qu'il a abandonné. Cette opportunité ne se représentera pas avant longtemps. Si l'État échoue maintenant, l'identification sera de plus en plus la prérogative des géants de l'Internet et il aura définitivement abandonné un élément de souveraineté. La concurrence pourrait également venir de l'échelon local. Les collectivités territoriales ont de plus en plus besoin de leurs propres solutions d'identification. Ainsi la métropole de Montpellier, qui teste actuellement la gratuité des transports en commun, souhaite légitimement réserver cet avantage aux seuls habitants de la métropole. Il faut donc un justificatif de domicile pour pouvoir voyager gratuitement. Ces justificatifs, notamment les factures de téléphone ou d'énergie, sont facilement falsifiables. Dans un futur qu'on peut imaginer pas si lointain, une carte de résident émise par les grandes métropoles finira-t-elle par constituer un document d'identité alternatif à celui de l'État ?

La France est vraiment en retard. L'authentification en ligne avec un niveau de sécurité élevé existe depuis de nombreuses années dans maints pays européens. La solution Alicem de reconnaissance faciale via mobile, retenue par le ministère de l'Intérieur, a été critiquée par la CNIL et attaquée par l'association La Quadrature du Net au motif d'un manque de consentement. Le Conseil d'État a rejeté cette demande en novembre 2020, considérant que l'absence de consentement n'avait pas lieu d'être, et cela au motif que l'emploi de la reconnaissance faciale doit être regardé comme exigé par la finalité même de ce traitement, à savoir obtenir un haut degré de garantie quant à l'identité de la personne qui se connecte. Aucun pays n'a fait part du recours à la technologie de la reconnaissance faciale pour permettre l'authentification en ligne, à l'exception du Royaume-Uni, où un des fournisseurs d'identité, SecureIdentity, déploie cette technologie pour d'autres applications. La plupart des pays utilisent, alternativement ou concomitamment, deux méthodes : une authentification physique – à l'aide de la pièce d'identité lue par un lecteur NFC (*near field communication*, « communication sans fil à courte portée ») – et une authentification numérique – grâce à code aléatoire généré depuis son smartphone. Parfois un code d'activation envoyé par courrier vient ajouter une étape supplémentaire lors de l'inscription au service d'authentification. En juillet 2020, le rapport parlementaire sur l'identité numérique plaidait pour une solution similaire en capitalisant sur les cartes d'identité biométriques. Pour résumer, après avoir reçu sa carte d'identité et créé son identité numérique, soit en face à face avec un agent public, soit en face à face par reconnaissance faciale, soit par reconnaissance faciale à distance, un utilisateur pourra s'authentifier en ligne, soit avec son smartphone via la saisie de son code de sécurité, soit à travers une lecture sans contact du titre d'identité via la technologie NFC.

L'argument contre l'usage des données biométriques est que, si elles sont corrompues, elles ne sont pas modifiables, à la différence d'un mot de passe ou d'une pièce d'identité. En réalité, le recours ultime au face-à-face avec un agent public assermenté assisté par la reconnaissance faciale permettra toujours de remettre à zéro un profil. Plus de 3 milliards de citoyens dans le monde seront équipés d'une application d'identification mobile lancée par un gouvernement d'ici à 2024. Cela pourrait, dans un futur proche, mettre un terme à l'anonymat sur les réseaux sociaux si ceux-ci devaient être obligés par les États d'accepter seulement des profils vérifiés via les fédérateurs d'identité publique. L'identité biométrique n'est pas le propre des pays développés. Le projet indien Aadhaar est le système d'identification biométrique le plus complet au monde. Près de 1,3 milliard de personnes, représentant plus de 99 % de la population adulte indienne, ont un numéro individuel de douze chiffres associé à des données biométriques (une photographie, dix empreintes digitales, deux scans d'iris). Le projet, initialement lié au système d'indemnisation chômage, a été étendu à de multiples services publics, y compris le vote. Le Programme alimentaire mondial (PAM) utilise quant à lui le scan de l'iris pour permettre à plusieurs centaines de milliers de réfugiés syriens vivant en Jordanie d'acheter de la nourriture au lieu d'utiliser des espèces, des bons ou des cartes électroniques.

Une identité plus solide serait également un préalable pour pouvoir rassembler les informations d'un résident sur son sol dans des fichiers moins éparpillés. Cette démarche a été plusieurs fois proposée et refusée. En 1973, le gouvernement Messmer porte le projet d'un système automatisé pour les fichiers administratifs et le répertoire des individus (SAFARI). Celui-ci prévoit d'utiliser le numéro de Sécurité sociale afin d'interconnecter tous les fichiers administratifs et ainsi favoriser les échanges avec les administrations. Un article célèbre du quotidien *Le Monde*, intitulé « Safari ou la chasse aux Français », témoigne de l'opposition forte à ce projet, qui est abandonné en 1974. Une commission Informatique et Liberté, avec pour rapporteur général Bernard Tricot, est créée. Son rapport, publié en 1975, sert de base à la loi Informatique et Libertés, votée le 6 janvier 1978, et qui concerne les traitements portant sur des données d'identifications des personnes physiques, et ce, directement ou indirectement. Le système automatisé pour les fichiers administratifs et le répertoire des individus (SAFARI) devient le répertoire national d'identification des personnes physiques (RNIPP). L'identifiant unique est rejeté au profit d'identifiants sectoriels, et toute décision d'interconnexion de fichiers administratifs doit obligatoirement recevoir l'aval du Premier ministre. Cet épisode a eu un effet durable sur la conception des politiques liées à l'identité numérique singularisant la France. La question se repose au début des années 2000 face à la multiplication des actes de fraude, l'identification préalable à l'obtention de titres d'identité se faisant sur présentation d'un acte de naissance facilement falsifiable. Le projet d'instituer une nouvelle carte d'identité nationale électronique sécurisée (INES) est lancé en 2003 par le ministère de l'Intérieur. Or, alors que sa création devait faire l'objet d'un projet de loi au premier semestre 2008 et que son déploiement devait avoir lieu en janvier 2009, le projet est suspendu. Les travaux reprennent en 2010 à l'occasion de l'examen de la proposition de loi relative à la protection de l'identité. Est proposée la solution d'une carte nationale d'identité avec deux puces électroniques, l'une obligatoire stockant les données d'identité et biométriques, l'autre facultative ouvrant l'accès à certains services en ligne pour s'authentifier et signer électroniquement. Un fichier d'identité biométrique portant sur la quasi-totalité de la population française permettant d'identifier n'importe quel demandeur de titre est également envisagé. L'accès au fichier ne pourrait se faire que pour la recherche d'un usurpateur d'identité, d'une victime d'une catastrophe naturelle et d'un criminel sur réquisition de la justice. Mais le Conseil constitutionnel censure le texte après son adoption par le Parlement en 2012 au motif que le fichier permettant l'identification d'une personne à partir de ses empreintes digitales porte une atteinte constitutionnelle au droit au respect de la vie privée.

En l'absence de papiers d'identité, l'identification rapide par reconnaissance faciale peut être cruciale. Durant l'été 2019, lorsqu'il s'est avéré que l'homme que la police galloise avait sorti d'une rivière était dans un état critique, une course contre la montre s'est engagée pour l'identifier. En l'absence de pièces d'identité, cela aurait normalement pu prendre jusqu'à une dizaine de jours. La reconnaissance faciale a permis l'identification en dix minutes, permettant à sa mère d'accourir auprès de son fils mourant.

Aujourd'hui encore, le simple mot « fichier » est source d'indignation. Il suffit de repenser, en France, à la polémique de novembre 2020 sur la supposée attribution d'un numéro d'identification pour jeunes musulmans. Cette accusation, portée par la ministre pakistanaise des Droits de l'homme, mais aussi relayée par des journalistes anglo-saxons, trouve racine dans le projet de loi confortant les principes républicains, anciennement projet de loi sur le séparatisme. Celui-ci souhaite étendre à tous les enfants l'identifiant national élève (INE) qui permet à l'Éducation nationale de suivre les élèves, de la maternelle à Parcoursup, car actuellement les enfants scolarisés à domicile et les élèves des écoles privées hors contrat en sont dépourvus. Plus récemment encore, la décision du Conseil d'État de valider l'élargissement des fichiers de renseignement a été vue par certains comme l'embryon d'une surveillance de masse. Trois décrets autorisent policiers et gendarmes à faire mention des opinions politiques, des convictions philosophiques et religieuses et de l'appartenance syndicale de leurs cibles, qu'elles soient personnes physiques ou personnes morales, alors que les précédents textes évoquaient de manière vague la mention d'« activités ». La nouvelle nomenclature est beaucoup plus détaillée, moins floue. Photos et commentaires postés sur les réseaux sociaux pourront aussi être listés, tout comme les troubles psychologiques et psychiatriques révélant une dangerosité particulière. L'élargissement concerne trois fichiers : celui relatif à la prévention des atteintes à la sécurité publique – renseigné par la police –, celui de gestion de l'information et prévention des atteintes à la sécurité publique – renseigné par les gendarmes –, et celui pour les enquêtes administratives liées à la sécurité publique – utilisé avant le recrutement de fonctionnaires sur des postes sensibles. Ils comportaient, respectivement, 61 000, 67 000 et 222 000 individus. La mobilisation dans le débat public n'est pas sans rappeler celle autour du fichier Edvige créé en 2008. Il consistait à intégrer, suite à la fusion des organismes, des critères utilisés par la direction de la surveillance du territoire (DST) dans les fiches des anciens Renseignements généraux (RG). L'annonce de sa mise en place soulève un tollé dans une partie de l'opinion publique. Conséquences de ces diverses broncas : l'identité numérique française est éclatée entre de multiples fichiers auxquels certaines administrations ont accès mais pas d'autres. Pour ne citer que les principaux : le fichier des personnes recherchées, le fichier national des empreintes génétiques – avec ses 2,9 millions de profils génétiques de personnes non identifiées (mais dont les empreintes ont été relevées sur les lieux d'une infraction) et de personnes identifiées –, le traitement d'antécédents judiciaires – qui recense non seulement les condamnations mais également les simples mises en cause ayant donné lieu à une audition de police, une garde à vue voire un rappel à la loi, soit un casier version XXL –, le répertoire national interrégimes des bénéficiaires de l'assurance maladie – qui recense les assurés sociaux –, le dossier médical personnalisé, etc.

Ce qui était possible il y a cinquante ans représente un coût incommensurable aujourd'hui. La multiplication des identifiants conduit à une administration en silos qui ne fonctionne pas, et cela est d'autant plus vrai à l'ère de la décentralisation où les points de contact entre les citoyens et l'administration sont démultipliés. En outre, le volume d'information capté ne peut plus être traité par des opérateurs humains, il faut donc pouvoir les stocker au même endroit pour pouvoir utiliser des algorithmes capables de repérer les incohérences, signes de fraude. Les accès à un tel fichier seraient évidemment limités à ce qui est strictement nécessaire pour chacune des administrations compétentes. C'est aussi la centralisation qui permettra d'assurer la meilleure sécurité des systèmes. De nombreux fichiers ne sont pas suffisamment protégés, et encore récemment les données de 500 000 Français passés par des laboratoires d'analyses médicales se sont retrouvées sur Internet.

La question de l'accès des administrations aux différents fichiers se pose partout dans le monde. Aux États-Unis, la police des frontières utilise la technologie de la reconnaissance faciale à partir de la base de données des permis de conduire, permis qui sont donnés par les autorités locales, y compris à des immigrants sans papiers. Le Brésil, qui avait en 2018 adopté une loi sur la protection des données étroitement calquée sur le RGPD européen, a changé de politique en 2019. Un décret présidentiel oblige désormais toutes les administrations fédérales à consolider les données qu'ils détiennent sur les citoyens brésiliens dans un fichier central, le Cadastro Base do Cidadão. Il peut accueillir une multitude de données biométriques, telles que les profils faciaux, des empreintes des doigts, de la paume, de la voix, de l'iris, de la rétine, et même la démarche.

Centraliser la surveillance

La multiplication de systèmes de surveillance dispersés suppose des coûts d'investissement importants pour des gains limités. Une centralisation aurait un triple bénéfice : permettre d'exercer une surveillance en temps réel sans devoir obtenir des autorisations d'accès à des systèmes de surveillance des espaces privés, nourrir les algorithmes avec une plus grande diversité de situations, mutualiser les coûts d'équipement logiciel. Cette centralisation des données n'est pas aussi compliquée qu'il n'y paraît. Dans un premier temps, il conviendrait de rassembler toutes les connexions des centres de surveillance urbains sur un serveur au niveau de l'État central. Dans un second temps, il faudrait proposer à tous les propriétaires de caméras dans des lieux recevant du public (commerces, salles de spectacle, halls d'immeubles, etc.) de pouvoir verser leurs images en direct au même serveur. La puissance de calcul requise serait considérable, mais cette entité de surveillance électronique, un centre intégré de traitement et de stockage des données, serait un complément naturel des forces de l'ordre existantes, police et gendarmerie. Plutôt que d'attendre que ces images finissent diffusées sur Internet par une plateforme d'agrégation et de distribution telle que nous l'avons décrite précédemment, l'État prendrait la main pour en contrôler la diffusion. Cette centralisation va de pair avec une meilleure régulation de l'utilisation des données biométriques par les organismes privés et notamment les entreprises. En effet, des fuites récurrentes de données biométriques, avec ce qu'elles comportent comme risques, constituent un danger pour la sécurité de tous.

De nombreuses caméras à destination de particuliers ou d'entreprises privées ont pu être piratées parce que les propriétaires n'avaient pas de mots de passe suffisamment sécurisés ou n'utilisaient pas une authentification à deux facteurs. Mais certains fabricants n'offrent même pas cette fonctionnalité. Une obligation de renforcement de la sécurité des produits vendus dans le commerce est nécessaire. En mars 2021, un groupe de pirates informatiques a déclaré avoir réussi à accéder aux flux en direct de 150 000 caméras de surveillance de la marque Verkada dans des hôpitaux, des usines, des prisons et des écoles. Pas de fraude sophistiquée pour accéder à un tel trésor. Simplement le nom d'utilisateur et le mot de passe d'un compte administrateur publiquement exposé sur Internet.

Faisons un détour par l'Asie. Les Chinois sont parfois considérés comme plus laxistes que leurs homologues occidentaux sur la confidentialité des données privées. Mais cela est en train de changer rapidement. Dès 2018, Robin Li, le P-DG de Baidu, le principal moteur de recherche du pays, avait déclenché une controverse en ligne en affirmant que les consommateurs chinois étaient prêts à renoncer à la confidentialité des données pour plus de facilité d'usage. En 2018, la chaîne de cafés chinoise Luckin Coffee s'est associée à SenseTime pour créer une machine à café à reconnaissance faciale capable de recommander un café aux clients en fonction des traits de son visage, de son âge, de son genre et de ses loisirs. Le recours croissant aux données biométriques par les entreprises pour des usages toujours plus éloignés du régalien a fini par inquiéter la population. Comme le soulignait un éditorialiste hongkongais, ce n'est effectivement pas la même chose d'avoir un système automatisé pour l'entrée des passagers dans un aéroport comme celui de Changi à Singapour – qui permet en quinze minutes de franchir l'inspection filtrage et l'immigration – que de donner son accord à son bailleur pour que l'entrée de son appartement se fasse avec des empreintes digitales. C'est une question de confiance. Dans le premier cas de figure, les citoyens ont la conviction que l'État – la société gérant l'aéroport étant publique – ne vendra pas leurs données et les protégera contre des fuites. Dans le second, les doutes sont entiers. Les cas de contestations judiciaires et de résistances passives se multiplient. En mars 2020, un professeur à la prestigieuse université Tsinghua s'est battu avec véhémence contre le projet de sa copropriété d'installer des caméras de reconnaissance faciale, invoquant des problèmes de sécurisation des données. La copropriété a finalement mis en place les caméras tout en autorisant les résidents à se désinscrire du programme. En novembre 2019, un autre professeur, en l'occurrence de droit, a poursuivi le Hangzhou Safari Park pour avoir installé une technologie de reconnaissance faciale à l'entrée. Un tribunal local ordonna la suppression des données de reconnaissance faciale et le versement d'une compensation. La même année, à Dongguan, dans la province du Guangdong, une contestation sur les réseaux sociaux a poussé les autorités chinoises à suspendre l'utilisation de la technologie de reconnaissance faciale dans les toilettes publiques : une page thématique sur le réseau social Weibo avait été consultée plus de 100 millions de fois en quelques jours. Fin 2020, un homme a fait le buzz sur les réseaux sociaux chinois pour avoir pénétré dans un espace de vente immobilier avec un casque sur la tête, déclenchant un débat sur l'usage des caméras de reconnaissance faciale. De nombreux promoteurs immobiliers ont installé des systèmes de reconnaissance faciale dans leurs espaces de vente pour catégoriser leurs clients et savoir s'ils venaient d'eux-mêmes ou s'ils avaient été amenés par un agent immobilier – auquel cas ce dernier touchait une commission d'intermédiaire –, et s'ils avaient déjà obtenu des promotions. En fin d'année 2019, une enquête menée par le Nandu Personal Information Protection Research Center à Pékin auprès de plus de 6 000 citoyens chinois a montré qu'entre 60 et 70 % d'entre eux disent que la reconnaissance faciale rend les centres de transport, les écoles, les centres commerciaux et les complexes résidentiels plus sûrs et plus pratiques. Mais ce sondage a aussi révélé que près de 80 % des personnes interrogées étaient préoccupés par les fuites de données. Près des trois quarts d'entre eux souhaitent avoir la possibilité d'utiliser des méthodes traditionnelles d'identification au lieu de la reconnaissance faciale, et 84 % souhaitent des droits d'examen et de demande de suppression.

Ces craintes ne sont pas infondées. Les informations résultant de fuites de données, photos-portrait, numéros d'identification nationaux et numéros de téléphone, ont été trouvées à plusieurs reprises en vente en ligne à des prix aussi bas que dix centimes la photo-portrait. Concernant l'utilisation des caméras de surveillance dans les espaces publics, la Chine n'a actuellement aucune loi nationale spécifique pour la réglementer. Le ministère de la Sécurité publique a publié un projet de règlement sur les caméras de sécurité en 2016, mais l'ordonnance attend toujours d'être approuvée par la législature nationale du pays. Néanmoins, depuis octobre dernier, le gouvernement a légiféré et oblige les entreprises à recueillir un consentement actif des utilisateurs avant toute collecte de données biométriques. Elles doivent également informer les utilisateurs du but, de la méthode et de l'étendue de la collecte, tout en offrant d'autres informations. Plusieurs villes chinoises ont décidé de resserrer la réglementation sur l'utilisation des données personnelles de reconnaissance faciale. Les plus grandes entreprises comme Megvii ont joué un rôle actif dans l'établissement de ces normes.

Le gouvernement chinois est en train d'accroître la législation en faveur de la protection des données biométriques contre les entités privées tout en augmentant l'accès du gouvernement aux informations personnelles, notamment en élargissant les raisons pour y accéder et en créant des portes d'entrée spécifiques pour les entités gouvernementales[6]. En Chine, c'est la protection de la confidentialité des données du consommateur chinois qui progresse, plutôt que celle des citoyens. Lors du grand rassemblement politique annuel de Chine en mars 2021, aux « deux sessions », celle de la Conférence politique consultative du peuple chinois (CPPCC) et celle de l'Assemblée nationale populaire (ANP), le Premier ministre Li Keqiang a évoqué la rédaction de deux lois fondamentales, l'une sur la protection des données personnelles et l'autre sur la sécurité des données. Ce qui pourrait sembler paradoxal constitue au contraire une défense, de la part d'un État, de ses prérogatives au XXIe siècle. La logique chinoise est différente des approches des États-Unis et de l'Union européenne. Aux États-Unis, la protection de la vie privée est conceptualisée surtout comme une protection contre les activités du gouvernement, avant même l'adoption de règles pour protéger la vie privée des consommateurs. Dans l'Union européenne, la protection des données est un droit fondamental de son système juridique, d'où la décision d'adopter un niveau élevé de protection de ces données. Ces exigences strictes en matière de confidentialité des données touchent, de manière équivalente, les entités privées et les gouvernements. Mais si l'État veut durer, il va devoir accepter de ne pas être une entité égale aux entreprises. Dans cette course à la surveillance, l'État français doit reconnaître qu'il ne doit pas être soumis aux mêmes règles que les acteurs privés. Et il doit faire accepter cette inégalité à la CNIL. En cela, et en dépit des procès sur son manque d'efficacité, il dispose d'un atout majeur : la confiance. Je suis prêt à confier des données personnelles à l'État, car je sais qu'il n'en fera pas un usage commercial. Cette chance n'est pas valable dans tous les pays. En Russie, de nombreuses fuites sont organisées par des personnes ayant accès au centre intégré de traitement et de stockage des données, et vous pouvez acheter pour une centaine de dollars les images récentes – moins de cinq jours – d'une caméra. Néanmoins, dans ce rapport réciproque qu'implique la surveillance, la diffusion de l'information peut aussi servir les citoyens. Le terme *probiv* correspond à l'utilisation par les citoyens lambda des données de surveillance, obtenues via la corruption, pour surveiller un mari volage ou s'assurer de la bonne foi d'un partenaire commercial mais aussi devenir journaliste d'investigation face au pouvoir.

L'étape ultime de surveillance viendra sans nul doute de l'introduction d'une monnaie numérique couplée à restriction, voire à une éradication, de la monnaie physique. La Banque populaire de Chine (BPC) a déposé plus d'une centaine de brevets pour un yuan numérique et a supervisé une série d'essais depuis deux ans.

Pour les millions de personnes qui utilisent déjà un smartphone au lieu d'une carte de débit, cela ne ressemblera à rien d'autre qu'une nouvelle application de paiement. Mais si la monnaie numérique venait à remplacer complètement les liquidités, les banques centrales, et donc les États derrière elles, gagneraient la possibilité de voir plus précisément qui a de l'argent et comment il est dépensé. Au-delà de la Chine, le Japon ou la Suède envisagent très concrètement de limiter l'utilisation de la monnaie physique.

Automatiser le contrôle

Étant donné que le volume d'images enregistrées exploserait avec un centre unifié de surveillance, il serait indispensable d'avoir recours à la surveillance algorithmique. Vincent, qui vient de se faire voler sa montre place Bellecour à Lyon, se rend au commissariat plein d'espoir après avoir remarqué que quatre caméras surveillent la place. Douche froide lorsqu'on lui dit que les caméras ne servent à rien et que personne ne veut surveiller les écrans. Le contrôle n'est pas efficace. La meilleure preuve concerne le nombre de personnes sur le sol français en situation irrégulière. Le département de la Seine-Saint-Denis compte 1 646 105 habitants, dont plus de 400 000 personnes de nationalité étrangère en situation régulière au 1er janvier 2018. Mais, selon les estimations des interlocuteurs rencontrés par les rapporteurs d'une mission parlementaire[7], il faudrait ajouter entre 150 000 et 400 000 personnes en situation irrégulière. Jusqu'à 20 % de la population du département échapperait donc à l'appareil d'identification.

La centralisation de la surveillance et l'automatisation du contrôle peuvent permettre une révolution du contrôle d'identité. L'État a, au fil des siècles, multiplié les contrôles de catégories spécifiques de la population qu'il jugeait dangereuses (prostituées, mendiants, vagabonds, malades, ouvriers, etc.) Ces mesures visaient essentiellement à un contrôle de l'espace, contrôle qui s'est effacé, fort heureusement, devant la liberté d'aller et venir, sacralisée par le Conseil constitutionnel. En parallèle, les populations ciblées par le contrôle n'ont cessé de s'étendre jusqu'à concerner tout le monde. C'est la généralisation de la surveillance qui crée l'égalité. Le fameux RIO, identifiant des forces de l'ordre, a été introduit en 2013 sous la présidence de François Hollande, préféré à la remise d'un récépissé par l'agent lors d'un contrôle d'identité. L'objectif avoué était de lutter contre les contrôles au faciès. Le récépissé n'aurait pas exonéré de contrôles ultérieurs justifiés, mais aurait établi une traçabilité des contrôles d'identité, permettant aux citoyens qui se seraient estimés discriminés de disposer de bases matérielles pour prouver qu'ils étaient contrôlés de manière trop répétitive. Mais la question des suites judiciaires qui auraient pu ensuite être données et la gestion bureaucratique de ce dispositif l'ont disqualifié.

Depuis les années 1980, le contrôle d'identité est considéré comme particulièrement insupportable car, d'après ses détracteurs, il se fonderait essentiellement sur l'apparence physique d'une personne plutôt que sur des actes ou des comportements qui inciteraient à penser qu'elle a commis ou se prépare à commettre un crime ou une infraction. Le think-tank américain Open Society Institute (futur Open Society Fondations), fondé par George Soros, avait, entre fin 2007 et début 2008, observé quelque 525 contrôles d'identité dans des lieux de transit de Paris. Il avait conclu que la police fonctionnait par profilage racial – autrement dit « contrôle au faciès » – et vestimentaire. Cette accusation de profilage racial n'a pas été confirmée par une enquête du Défenseur des droits conduite quelques années plus tard, en début d'année 2016. Ce travail, auprès d'un échantillon représentatif de 5 000 personnes, a concerné les relations entre la police et les citoyens, et plus spécifiquement les contrôles d'identité. Si 85 % des personnes interrogées ont déclaré ne jamais avoir été contrôlées au cours des cinq années passées, ce chiffre variait selon le genre (77 % des hommes contre 90 % des femmes), l'âge (61 % des 18-25 ans contre 94 % des plus de 65 ans), ou l'origine ethnique que les répondants estimaient se voir attribuée (83 % chez les hommes qui se voyaient perçus comme blancs et 47 % pour ceux qui se considéraient perçus comme noirs). Il ressort que 80 % des jeunes hommes se sentant perçus comme noirs ou arabes ont été contrôlés les cinq années précédant l'enquête, contre 16 % pour le reste des personnes interrogées.

Il convient de ne pas tomber dans l'idéologie victimaire, la fréquence supérieure des contrôles ne reflétant pas uniquement un délit de faciès. Avec un âge moyen des personnes détenues dans les prisons françaises de 34 ans, il apparaît logique qu'il y ait un profilage selon l'âge. On peut aussi mentionner le fait que les forces de l'ordre sont plus actives dans les plus grands centres urbains. L'échantillon de l'enquête du Défenseur des droits évaluait à 13 % le nombre de personnes qui estimaient être perçues comme non blanches par les autres quand l'enquête d'Open Society a estimé que le taux de personnes non blanches dans les zones de Châtelet-Les Halles et de Gare du Nord étudiées – catégorisation qui pourrait être jugée illégale, soit dit en passant – était de 42 %. Pour autant, il faut reconnaître que les moyens engagés n'amènent qu'à des résultats très légers tout en générant des sentiments hostiles à l'égard des forces de l'ordre. Même si 175 enquêtes judiciaires ayant trait à des contrôles d'identité ou routiers ont été confiées à l'IGPN en 2019, alors que le chiffre estimé du nombre de ces contrôles varie entre 5 et 10 millions chaque année, ces contrôles sont vécus de manière dégradante et humiliante. Ainsi 20 % des personnes contrôlées plus de cinq fois en cinq ans déclarent avoir été brutalisées, contre 9 % dans l'ensemble de la population contrôlée. Le futur président de la République, Emmanuel Macron, avait même déclaré durant la campagne présidentielle que « nous avons beaucoup trop de contrôles d'identité, avec de la vraie discrimination[8] ». Mais plutôt que de caresser des idées catastrophiques, la nouvelle Défenseure des droits, Claire Hédon, a proposé en février 2021 d'expérimenter des zones sans contrôle d'identité, provoquant la colère des syndicats de police, il est temps de faire appel à la technologie. La solution la plus égalitaire ne serait-elle pas la reconnaissance faciale en temps réel de toute la population ? En effet, si certains groupes sont surreprésentés dans les bases de données, ils seront toujours l'objet d'un contrôle disproportionné. Généralisons et mettons fin aux discriminations.

Il est un cas de figure où la technologie a révolutionné le contrôle, c'est dans le cadre de la punition. Le placement sous surveillance électronique, appelé également

« bracelet électronique », est une mesure d'aménagement de peine dans le cadre d'un emprisonnement sans incarcération, d'une libération sous contrainte ou d'une assignation à résidence alternative à la détention provisoire. Elle consiste à rester à son domicile sur une plage horaire fixe. En cas de non-respect de cette mesure, d'un franchissement du périmètre délimité en dehors des heures permises, un bracelet porté à la cheville déclenche une alarme auprès des services pénitentiaires. Le parc de bracelets électroniques est d'environ 12 000 unités aujourd'hui et pourrait passer à 20 000 unités prochainement. Ils fonctionnent par ondes radio et sont concurrencés par des dispositifs géolocalisés qui permettraient de déterminer l'emplacement exact du condamné ou prévenu. Le système de géolocalisation pourrait aussi permettre de mettre en place des zones d'exclusion – par exemple dans le cas de personnes condamnées pour des violences conjugales. Le port de bracelet électronique est encore plus large dans d'autres pays. Aux Pays-Bas ou en Suisse, pour les condamnés pour des crimes ou délits commis en état d'ébriété qui ont fait l'objet d'une interdiction de boire, il existe des bracelets électroniques qui mesurent la quantité d'alcool présente dans la sueur. Au Royaume-Uni ou aux États-Unis, des demandeurs d'asile en attente de régularisation portent également des bracelets électroniques.

La France partageant toutes ses frontières terrestres avec des pays avec lesquels la libre circulation des personnes est autorisée, la notion de frontière a perdu de sa substance. Néanmoins, en Grèce, en Hongrie ou en Espagne, cette question est clé. Aux États-Unis, le fameux mur que voulait construire Donald Trump pour isoler le pays du Mexique a de fortes chances d'être obsolète, remplacé par une version électronique. Des tours de surveillance d'une cinquantaine de mètres de haut ont été érigées en Arizona, permettant de surveiller toute personne ou véhicule dans un rayon de 12 kilomètres grâce à des caméras haute définition avec vision nocturne, de capteurs thermiques et d'un radar de balayage du sol, qui fournissent des données en temps réel aux agents de la police des frontières. L'entreprise israélienne Elbit Systems, qui fournit ces matériels, équipe également les drones de l'Agence européenne de sûreté maritime qui participe à la sécurisation de la frontière méditerranéenne. Son concurrent Anduril a testé son produit au Texas. Les images capturées sont comparées à celles stockées dans les bases de données gouvernementales, tels les passeports et les visas, afin d'identifier les personnes non autorisées.

Si l'État veut utiliser la reconnaissance faciale, il doit impérativement en faire disparaître les biais. Les principaux algorithmes de reconnaissance faciale affichent des efficacités différentes selon les groupes démographiques, à la fois en matière de faux négatifs – le rejet d'une correspondance exacte – et de faux positifs, – la correspondance d'une photo avec une personne erronée. Dès 2003, le NIST avait révélé que les algorithmes avaient plus de mal à identifier les personnes âgées et les femmes que les personnes plus jeunes et les hommes. L'enquête la plus approfondie a été réalisée par le NIST en 2019[9] sur 189 algorithmes développés par 99 sociétés ou laboratoires. Les écarts des faux positifs variaient d'un facteur dix voire cent, alors que les écarts des faux négatifs se limitaient généralement à un facteur de trois. Néanmoins, derrière ces moyennes se cachaient des disparités importantes selon les algorithmes. Certains d'entre eux n'affichaient aucun biais perceptible, résultat de bases de données représentant la diversité de la population sur lesquelles les algorithmes ont été entraînés. Parce qu'il ne peut être dépendant d'études étrangères, l'État doit d'urgence, possiblement dans le cadre de l'Union européenne, mener ses propres études d'efficacité des algorithmes et interdire à la vente ceux qui présenteraient des biais. Le couplage avec le lidar ou d'autres formes d'identification biométriques est un axe de recherche publique essentiel et urgent.

Une bonne réglementation sur la reconnaissance faciale doit également viser à interdire les pseudo-sciences physiognomoniques. La tentation de réduire un esprit humain à ses traits physiques, notamment du visage, est ancienne. Dès le XVIIIe siècle, le théologien suisse Johann Caspar Lavater publie *L'Art de connaître les hommes par la physionomie*, qui vise à donner un aperçu de la personnalité à partir des traits de son visage. La phrénologie, terme probablement forgé et utilisé pour la première fois par Thomas Ignatius Maria Forster en 1815, est une théorie selon laquelle les bosses du crâne d'un être humain reflètent son caractère. Elle dérive des travaux du neurologue allemand Franz Joseph Gall, qui estime possible de reconnaître plusieurs dispositions intellectuelles et morales d'un homme, et même d'un animal, selon la configuration de sa tête. Au siècle suivant ces sciences connaissent leur âge d'or. Cesare Lombroso, médecin légiste et fondateur de l'école italienne de criminologie, a popularisé l'idée du « criminel né » qui démontrerait un caractère inné qu'on pourrait reconnaître par l'apparence physique : longueur excessive des bras (*sic*), denture anormale, polydactylie, etc. Cela représenterait environ un tiers de la population criminelle. Pour l'anecdote, ses travaux ont été menés sur des soldats et sur un échantillon pour le moins limité de trente-cinq crânes d'assassins guillotinés. C'est aussi en 1876 qu'il publie *L'Homme criminel* et s'oppose ainsi aux théories sociologiques naissantes qui pointent du doigt les conséquences du milieu social.

Ces idées, largement réfutées par la science, ont la vie dure, et certains chercheurs espèrent leur redonner un nouveau souffle grâce aux technologies de reconnaissance d'image. Un chercheur en psychologie de Stanford, Michal Kosinski, a défrayé la chronique en publiant, respectivement en 2017[10] et 2021[11], des systèmes d'apprentissage automatique qui, selon lui, pourraient déterminer l'orientation sexuelle et l'appartenance politique d'une personne en se fondant uniquement sur son visage. Parce qu'elles font écho à une réflexion jamais tranchée sur la part de l'inné et de l'acquis, ces recherches ont été largement médiatisées. Pour illustrer ce qui concerne l'appartenance politique : si on vous présente deux visages du même âge, du même sexe et de la même origine ethnique dont vous devez deviner l'appartenance politique – sachant que l'un est de gauche et l'autre de droite –, la précision aléatoire serait de 50 %. Un être humain parvient à atteindre laborieusement 55 %, rien de très significatif. L'algorithme a réussi à atteindre une précision de 71 %. Pour ce qui est de l'orientation sexuelle, sur une comparaison binaire, les humains identifient correctement l'orientation dans 61 % des cas pour les hommes et 54 % pour les femmes. L'algorithme obtient respectivement 81 % et 74 % de précision. Les algorithmes en question n'étaient pas très sophistiqués et les bases de données proches d'un million de visages facilement accessibles.

Michal Kosinski se drape dans sa vertu en expliquant vouloir montrer au monde le risque encouru si des gouvernements autoritaires se servaient de tels outils pour trier leur population. Mais Michal Kosinski a une réelle conviction dans le déterminisme biologique. Il a tendance à minimiser l'impact des facteurs sociaux et environnementaux sur nos personnalités, et en cela rappelle Cesare Lombroso qui demandait d'avoir pitié des criminels car ils n'avaient pas de libre arbitre. D'autres chercheurs suivent cette voie. En 2016, une équipe de l'université de Shanghai se vantait d'avoir mis au point un algorithme de reconnaissance faciale pour prédire avec une précision de 90 % si quelqu'un était un criminel déjà condamné. Elle a été mise en pièces, notamment eu égard à la taille ridicule de l'échantillon d'entraînement. Une start-up israélienne, appelée Faception, commercialise un logiciel qui catégorise les personnes en « QI élevé », « joueur de poker professionnel », « pédophile », « terroriste », etc. Parce que la reconnaissance faciale est une affaire sérieuse, il convient de remettre à leur place de telles élucubrations. Dans les poubelles de l'histoire. C'est d'ailleurs à ce prix-là que nous conjurerons les craintes d'un monde à la *Minority Report*. Cette nouvelle de science-fiction de Philip K. Dick, publiée en 1956, a inspiré un film à succès de Steven Spielberg sorti en 2002. Elle met en scène une société où les meurtres peuvent être prédits grâce à trois mutants doués de précognition, et donc les criminels arrêtés avant même de passer à l'acte.

Garder un jugement humain

« Punir ne peut pas être automatique », pour reprendre les mots du président de la République en 2018. Emmanuel Macron présentait alors un projet de refondation pénale. L'aménagement systématique des peines inférieures à un an a été supprimé, la décision revenant au magistrat. Pour prendre la décision la plus adéquate possible, celui-ci peut désormais s'appuyer sur un dossier unique de personnalité regroupant toutes les informations disponibles sur la personne (santé et état psychologique, fréquentation scolaire, antécédents judiciaires, situation matérielle et sociale, etc.), dossier qui n'existait que pour les mineurs. Néanmoins la volonté de désengorger les prisons, qui se traduit par l'interdiction des peines de prison ferme de moins d'un mois – qui concernaient moins de 300 personnes – et la forfaitisation de certains délits, peut s'interpréter comme un pas vers une forme d'automatisation. L'amende est en effet la même pour tous. Elle s'inscrit plus globalement dans l'économie comportementale. Les individus tendent à comparer les gains et les coûts d'une action illégale, font le choix de ne pas respecter la loi parce qu'ils estiment que ce choix sera plus avantageux au bout du compte, et ce malgré les risques pris. La délinquance routière est déjà très largement automatisée, nous l'avons vu avec les radars de vitesse ou les caméras de verbalisation pour mauvais stationnement ou l'encombrement d'un carrefour. Cette régulation des comportements via le porte-monnaie est appelée à se développer. Elle nourrit un fantasme désormais bien présent en Occident, qui est celui du crédit social. Dans son immense ouvrage *Surveiller et punir*, Michel Foucault se demandait d'où venait cette pratique d'enfermer pour redresser, montrant qu'elle s'insérait dans une longue régulation des corps par les États dans tous les compartiments de la vie sociale. Évidemment, la « discipline », qu'il retrouvait dans les écoles, les hôpitaux ou les usines, n'a plus guère cours aujourd'hui. Mais nous avons la crainte que celle-ci revienne insidieusement par un système de notation automatique qui nous ajouterait ou retrancherait des points en fonction de nos actions dans le monde physique et numérique. Le Léviathan, créature de la mythologie phénicienne mentionnée dans la Bible et utilisée par le philosophe Thomas Hobbes pour symboliser la primauté du droit, en viendrait-il à céder la place à un alter ego numérique, fait de 1 et de 0 ?

D'ailleurs celui-ci existe déjà en Chine ! Combien de fois avons-nous entendu à la télé, à la radio, dans un dîner, l'exemple de ces Chinois qui, à peine après avoir traversé hors des passages piétons, voient leur visage affiché sur des écrans publics, leur note baisser jusqu'à leur interdire de prendre l'avion, leur compte en banque prélevé d'une amende ? Il est vrai que, quand il s'agit de sa liberté de traverser hors des passages piétons, le Français est prêt à battre le pavé. Pour clarifier d'emblée les choses, il n'existe aucun système de notation en temps réel piloté par le gouvernement en Chine. En 2014, le Conseil des affaires de l'État a présenté un plan sur six ans pour déployer un système de crédit social couvrant les particuliers, les entreprises, les interactions sociales et l'administration judiciaire. Cette notation est similaire aux notations de crédit fournies aux particuliers et aux entreprises dans d'autres pays, notamment le score Fico aux États-Unis, qui va de

300 à 850, et qui renseigne votre historique de paiement de crédit, mais aussi la façon dont vous avez honoré vos loyers. La version chinoise inclut d'autres aspects de la vie, dont le paiement des impôts et les condamnations pénales. Côté entreprises, des informations telles que les paiements d'impôts, les remboursements de prêts bancaires, les conflits du travail, voire les délais de paiement inter-entreprises sont ajoutées. Les bases de données sont gérées par le planificateur économique de la Chine, la Commission nationale de développement et de réforme (NDRC), la Banque populaire de Chine (PBOC) et le système judiciaire. Depuis dix ans, le pays vit une très forte montée de l'endettement privé et un score de crédit a été vu comme une solution pour éviter des excès. L'idée a été formellement présentée en 2011 par le Premier ministre de l'époque, Wen Jiabao. Les personnes jugées non dignes de confiance peuvent subir des restrictions touchant des domaines tels que les prêts, les voyages par avion et par chemin de fer, ainsi que l'éducation. Les entreprises peuvent également être interdites de subventions et d'accès aux marchés publics. Selon les données de la Banque populaire de Chine, le système de crédit social couvrait déjà 1,02 milliard d'individus et 28,3 millions d'entreprises et organisations à la fin de l'année 2019. La NDRC a déclaré en juillet de la même année que 2,6 millions de personnes avaient été empêchées de prendre des vols, 90 000 personnes d'utiliser les services ferroviaires à grande vitesse, et 300 000 personnes jugées indignes de confiance par les tribunaux chinois. Liao Li, professeur de finance à l'université Tsinghua de Pékin, estime néanmoins que seulement la moitié des individus inclus dans la base de données présentent un historique de crédit complet.

Les institutions financières ont également été autorisées à créer des dispositifs de crédit social. Le plus influent de ces programmes a été Sesame Credit, ou Zhima Credit, développé par Ant Financial Group, filiale du géant Alibaba. Il est beaucoup plus complet qu'un score de crédit. Chaque utilisateur est noté sur une échelle de 350 à 950 points, à partir de son usage d'autres services liés au groupe Ant, de son historique de crédit, de ses dépenses, de son patrimoine, de son comportement, de ses relations sociales, et des données de la super-application de paiement Alipay. L'algorithme n'est pas transparent, et les rumeurs disent que des facteurs comme jouer excessivement aux jeux vidéo ou changer fréquemment d'adresse ont des effets négatifs, alors que faire des dons à des œuvres caritatives aide à avoir une meilleure note. Son impact reste limité. Il permet de bénéficier d'avantages de la part d'entreprises partenaires, comme l'exonération de caution lors de la location d'une voiture ou encore un enregistrement prioritaire à l'hôtel. Ces systèmes sont dans le viseur du régulateur. Début 2018, la Banque populaire de Chine a décidé de suspendre le renouvellement des licences pour ces scores de crédit social privé. En novembre 2020, Ant Financial Group a vu son introduction en bourse bloquée au dernier moment. L'accord qui a été trouvé par le régulateur est de séparer complètement son activité de traitement des données, dont le crédit social, jugée stratégique.

Outre la mise en œuvre à l'échelle nationale, le gouvernement chinois a autorisé plus de quarante villes pilotes à expérimenter des formes de crédit social qui s'inscrivent dans un contrôle et une surveillance renforcés par la technologie. Ainsi, il existe bien des écrans géants à Shenzhen, affichant les personnes qui traversent en dehors des passages piétons ou au feu rouge, et capturées par des caméras de reconnaissance faciale. Les deux exemples les plus complets de ces pilotes locaux proviennent de Suining dans le Jiangsu et de Rongcheng dans la province du Shandong. Dans ces deux projets pilotes, chaque citoyen a commencé avec un crédit de 1 000 points. Des points sont retranchés en cas d'infractions, ajoutés en cas de bonnes actions, comme avoir ses parents âgés à domicile. Les points sont traduits en une note de A à D, voire A+++ à D, qui influence l'accès aux services publics, comme le logement social. L'expérience de Rongcheng est considérée comme la plus réussie, car elle s'appuie davantage sur la récompense de notes élevées que la punition consécutive à des notes faibles. À Shanghai, le Honest Shanghai System ne récompense que les bonnes notes, et l'inscription se fait volontairement par les résidents.

La notation s'inscrit plus globalement dans la société algorithmique, avec l'idée qu'un certain nombre de processus administratifs puissent être pilotés automatiquement par des logiciels et les services publics les plus individualisés possible. À terme, ces algorithmes pourraient avoir une visée prédictive. La police de Chicago a par exemple lancé en 2012 un score prédictif qui devait être capable de mesurer le risque qu'un individu soit enclin à rester dans un milieu criminogène. Mais au bout de huit ans de test, le projet a été abandonné car il créait des biais. Les personnes avec les scores les plus élevés étaient les plus susceptibles d'être sujettes à des interpellations.

Conclusion

Un enjeu de liberté

La surveillance, source de liberté ? Voilà une bien aimable plaisanterie pour conclure cet essai, se dira le lecteur. Laissez-moi m'expliquer. La vidéo s'imposera à nous, elle grignote le monde inéluctablement. On ne peut espérer passer au travers. Elle va toucher à notre souveraineté, et donc à nos libertés. Mais, dans une conséquence plus indirecte, elle va être de plus en plus un facteur d'efficacité de l'État et donc augmenter sa capacité à assurer une protection des libertés fondamentales dans la fourniture des services publics. La crise sanitaire l'a malheureusement bien montré.

La souveraineté ou la liberté de ne pas se soumettre

La reconnaissance faciale est l'un des domaines de l'intelligence artificielle porteurs du plus de potentiel. Elle sera à la base de la souveraineté future, car elle est la colonne vertébrale des forces militaires de demain. La guerre du Haut-Karabakh entre l'Azerbaïdjan et l'Arménie a mis en lumière le rôle clé des drones aériens. Demain ces robots seront également terrestres. Ces drones militaires vont changer la nature même de la guerre. Ils prendront de plus en plus des décisions par eux-mêmes, notamment des décisions de tir. En août dernier, le Pentagone a organisé assez classiquement une simulation entre deux avions de combat F-16. Sauf que l'un des deux pilotes était une intelligence artificielle qui a écrasé le pilote humain cinq fois de suite. Or les données qu'utiliseront ces intelligences artificielles pour comprendre leur environnement reposent beaucoup sur la vidéo, et possiblement sur la reconnaissance faciale pour les cibles déjà identifiées. L'armée américaine a d'ailleurs construit le plus grand ensemble de données publiques au monde d'images thermiques de visages afin d'identifier les personnes dans l'obscurité. Elle a également recueilli les visages, les iris, les empreintes digitales et l'ADN de 7,4 millions de personnes lors des opérations militaires en Irak et en Afghanistan afin d'identifier les combattants ennemis. Les questions éthiques sont immenses, et de nombreux groupes s'opposent à cette automatisation de la guerre. Le court-métrage *Slaughterbots*, sorti en 2017, montrait un futur proche avec des essaims de microdrones bon marché utilisant l'intelligence artificielle et la reconnaissance faciale pour assassiner des opposants politiques. Néanmoins, la course aux armements a de fortes chances de déborder les considérations morales. Le premier véhicule terrestre autonome, amicalement baptisé « Griffe acérée », a rejoint les rangs de l'armée chinoise. Équipé d'une mitrailleuse légère, ce petit robot sur chenilles est capable de tirer par lui-même. La vidéo jouera un second rôle sur les champs de bataille tant la guerre devient de plus en plus un exercice de propagande. L'armée chinoise n'a eu de cesse de filmer les escarmouches avec l'armée indienne dans la chaîne himalayenne, permettant de diffuser des vidéos, savamment montées, plaidant leur cause. L'armée azerbaïdjanaise n'a cessé de diffuser des vidéos de ses drones fusillant, implacablement, depuis le ciel, les positions de ses adversaires démoralisés et impuissants. Le message perçu était celui d'une guerre asymétrique où le vaincu était connu d'avance. Dans *L'Étrange défaite*, où il essaye de comprendre les raisons de la défaite de la bataille de France en 1940, Marc Bloch harangue ses contemporains à ne pas devenir « un musée d'antiquailles ». L'intelligence artificielle sera une ressource stratégique et plus encore en matière de vision assistée par ordinateur. D'autant plus que, par un effet de ruissellement classique, il y a fort à parier que les usages militaires dériveront vers le civil, notamment en matière de maintien de l'ordre.

L'absence de recherche et d'une industrie nationale dans les technologies de vidéosurveillance et de reconnaissance faciale nous met à la merci d'autres puissances qui pourront alors imposer leur propre agenda débarrassé de toute considération morale. Les entreprises chinoises Hikvision et Dahua dominent le marché des caméras intelligentes avec près de quatre installations sur dix. Ces deux entreprises, de même que Megvii ou SenseTime, sont impliquées dans la violation des droits humains au Xinjiang, selon un rapport d'avril 2019 du *New York Time*. Tous les fabricants auraient développé des programmes capables d'identifier des personnes appartenant à la minorité ethnique ouïghoure. Les experts du site internet IPVM auraient également montré l'implication d'Alibaba. Hikvision aurait néanmoins supprimé progressivement la reconnaissance des minorités en 2018. L'année dernière, le gouvernement américain les a mis sur sa liste noire d'interdiction de commercer. Le sénateur américain Marco

Rubio, président par intérim du comité du renseignement du Sénat américain, a déclaré que l'installation de caméras de fabricants chinois par des commerçants américains, en l'occurrence Rite Aid, était scandaleuse. Par souci d'indépendance stratégique, les Russes ont développé leur propre solution de reconnaissance faciale à travers la société NTechLab.

La liberté de vivre

Le journal britannique *The Economist* se moquait de l'Union européenne lorsque, dans une longue métaphore filée, il présentait la protection de la vie privée comme sa religion non officielle, et le coronavirus comme venant mettre cette croyance à l'épreuve[1]. Pendant des années les Européens ont restreint à dessein l'usage des technologies numériques. Nous avons dû combattre la pandémie de Covid-19 avec les mêmes armes que face à la grippe espagnole de 1918. Le sacrifice de l'efficacité de l'État au profit de la préservation factice des libertés a été illustré à trois reprises ces derniers mois. Une première fois avec l'échec de l'application de suivi des cas contacts. Une deuxième fois avec l'incapacité à mettre en place un dispositif « tester, tracer, isoler » – alors même qu'il a été la clé de succès des pays précités – au motif qu'il serait attentatoire aux libertés individuelles. Une troisième fois lorsque l'idée d'un fichier des personnes vaccinées, ou passeport vaccinal, qui paraît d'une évidence absolue, a suscité de nombreuses contestations. Le problème est à chaque fois le même : la crainte d'empiéter sur la confidentialité des données, crainte agitée par quelques figures médiatiques et associations promptes à hurler au grignotage de nos libertés publiques. Parce que le gouvernement a donné du crédit à ces gesticulations, nos libertés ont été empiétées comme jamais dans l'histoire en temps de paix, avec un confinement strict – suivi d'un couvre-feu – qui a foulé aux pieds la liberté d'aller et venir, la liberté d'entreprendre, la liberté de manifester, qui a empêché des millions d'enfants d'accéder à l'éducation, creusé les inégalités pour des générations. Pendant ce temps, d'autres États ont parfaitement réussi à limiter les ravages de la Covid-19 : Taïwan avec 7 décès pour 23 millions d'habitants, le Vietnam avec 35 décès pour 95 millions d'habitants ou encore la Nouvelle-Zélande avec 22 décès pour 5 millions d'habitants. Il est facile de s'indigner du fait que la police à Singapour a utilisé les données de l'application anti-Covid TraceTogether, de conspuer la quatorzaine d'isolement à Taïwan contrôlée par un traçage des téléphones mobiles, de s'offusquer de la base de données des personnes testées positives en Corée du Sud, de l'accès à leurs données téléphoniques et à leurs comptes bancaires pour retrouver les cas contacts. Cet exercice intellectuel n'a rien de grand quand les morts s'accumulent et que l'économie ressemble à un champ de ruine. Ce discours général de défiance envers la surveillance s'est traduit par une application TousAntiCovid, téléchargée par 23 % des Français de plus de 16 ans contre 56 % au Royaume-Uni. Outre-Manche, 1,5 million de personnes ont déclaré une infection et 1,7 million de notifications ont été expédiées pour enjoindre des cas contacts à s'isoler. En France, 132 000 personnes se sont déclarées positives et seulement 74 000 notifications ont été envoyées. La France, l'un des seuls pays au monde à offrir des tests PCR totalement gratuits, sans avance de frais, illimités, n'a pas été en mesure de s'assurer que les personnes testées positives respectaient leur quarantaine. Le fiasco des données sanitaires a mis en exergue l'incapacité de l'État à produire des données médicales. Le collectif d'entreprises CoData, qui voulait donner à l'État des outils opérationnels d'aide à la décision pour lutter contre la pandémie, n'a réussi à collecter que 10 % à 20 % des données nécessaires pour faire fonctionner les modèles. L'éparpillement des données entre de multiples entités, reflet de la fragmentation administrative, tout comme le conservatisme de la CNIL ont été pointés du doigt par des députés comme Éric Bothorel ou Cédric Villani. L'initiative de plateforme Health Data Hub, censée compiler l'ensemble des données du système de santé, a ainsi eu la surprise de ne voir que huit de ses quarante projets approuvés par la CNIL. Pour en rajouter, en février 2021, la Caisse nationale d'assurance maladie a décrété ne pas pouvoir collaborer avec le Health Data Hub sous prétexte que l'hébergement des données était confié à Microsoft. Sous l'influence des outils numériques de traitement des données, la divergence entre les États performants et ceux non performants va s'accentuer de plus en plus, comme elle s'est creusée au sein des entreprises. Il n'est pas impossible qu'à l'avenir les passeports intègrent un composant dédié à la bonne santé des individus. Les États qui auront mis cela en place autoriseront la libre circulation entre eux de leurs ressortissants, comme l'ont organisée Singapour et Hong Kong. Nous autres, Français, assignés à domicile sans vie publique, pourrons toujours nous féliciter de la protection de notre vie privée.

Notes

Introduction

1. Tim Hwang, *Subprime Attention Crisis. Advertising and the Time Bomb at the Heart of the Internet*, FSG Originals, 2020, 176 p.

2. Jim Waterson, « Cambridge Analytica did not misuse data in EU referendum, says watchdog », *The Guardian*, 7 oct. 2020.

3. Olivier Tesquet, *À la trace. Enquête sur les nouveaux territoires de la surveillance*, Éd. Premier Parallèle, 2020, 269 p.

4. Michel Foucault, *Surveiller et punir. Naissance de la prison*, Gallimard, 1975.

5. Gilles Deleuze ne publiera pas réellement un ouvrage sur la question. Il la développe au détour d'une conférence à la Fémis donnée en 1987 puis d'un entretien entre lui et Antonio Negri au printemps 1990. Il assortit la publication de l'entretien, en juillet 1990, d'un texte bref : « Post-scriptum sur les sociétés de contrôle ». Antonio Negri et Michael Hardt publieront *Empire* vingt-quatre ans après *Surveiller et punir. Naissance de la prison.*

6. Simon Borel, « Le panoptisme horizontal ou le panoptique inversé », *tic&société* [en ligne], vol. 10, n° 1, 1er semestre 2016, mis en ligne le 15 octobre 2016.

7. IHS Markit, rapport 2019.

Partie 1
Les formidables progrès des technologies de la vision

1. Nicholas Mirzoeff, *An Introduction to Visual Culture*, Routledge, 1999.

2. Cf. Fabian Hutmacher, « Why Is There So Much More Research on Vision Than on Any Other Sensory Modality? », *Frontiers in Psychology*, oct. 2019.

3. Eric L. Piza, Brandon C. Welsh, David P. Farrington, Amanda Thomas, « CCTV Surveillance for Crime Prevention: A 40-Year Systematic Review with Meta-Analysis », *Criminology & Public Policy*, 2019, vol. 18, n° 1, p. 135-159.

4. Le territoire français comptait alors 935 000 caméras de surveillance, dont 827 749 autorisées dans des lieux ouverts depuis 1995 et 70 003 caméras sur la voie publique.

5. *Atlas économique*, Éd. En toute sécurité, 2019.

6. « Average Frame Rate Video Surveillance 2019 », *IPVM Reports*, mai 2019.

7. « Camera Resolution Usage Statistics 2020 », *IPVM Reports*, mars 2020.

8. Marina Julienne, « Vidéosurveillance : trop de caméras, pas assez d'yeux ? », *Le Monde*, 11 mars 2012.

9. Celle-ci est équivalente à 2 100 exabits selon les données de Statista en 2020. Pour être exact, il faudrait ajouter la capacité de stockage qui n'est pas dans les serveurs, mais elle est résiduelle et fragmentée.

10. Clare Garvie, Laura M. Moy, « America under Watch: Face Surveillance in the United States », *Center on Privacy & Technology*, 16 mai 2019.

Partie 2
L'homme est devenu une caméra pour l'homme

1. Keypoint Intelligence / InfoTrends Worldwide Consumer, 2020.
2. Chiffres de Nextbase, leader du marché.
3. Joohyun Kim, Sangkeun Park and Uichin Lee, « Dashcam Witness: Video Sharing Motives and Privacy Concerns Across Different Nations », *IEEE Access*, 2020, vol. 8, p. 110425-110437, DOI: 10.1109/ACCESS.2020.3002079.
4. 8 % des Français déclarent posséder une alarme ou une caméra de surveillance connectée, sans qu'on puisse distinguer les deux. *Cf.* Institut BVA (Observatoire de la vie quotidienne des Français), « Les Français et les objets connectés », 1er décembre 2018.
5. GFK, 2017.
6. Paul Davidson, « Buying a Home? Sellers May Use Cameras, Microphones to Spy on House Hunters », *USA Today*, 30 avril 2018.
7. Alice Hines, « How Normal People Deployed Facial Recognition on Capitol Hill Protesters », *Vice*, 2 février 2021.
8. Eric C. Hedberg, Charles M. Katz et David E. Choate, « Body-Worn Cameras and Citizen Interactions with Police Officers: Estimating Plausible Effects Given Varying Compliance Levels », *Justice Quarterly*, 2017, vol. 34, n° 4, p. 627-651.

Partie 3
De la contestation à l'enrôlement des citoyens

1. Julia Horowitz, « Tech Companies Are Still Helping Police Scan Your Face », *CNN Business*, 3 juillet 2020.

2. Sondage Ipsos publié le 19 mars 2008, réalisé pour la CNIL.

3. Sondage IFOP publié le 24 septembre 2013, réalisé pour les salons Milipol et CARTES.

4. Sondage BVA publié le 25 mars 2013, réalisé pour l'Agora des directeurs de la sécurité, et rendu public.

5. Sondage Odoxa-CGI publié le 16 décembre 2019, réalisé pour France Info, France Bleu et la presse en région.

6. Sondage IFOP publié le 10 octobre 2016 pour la fondation Brigitte-Bardot (FBB) et l'association Droits des animaux (DDA).

7. Communiqué de presse, *Réaction du préfet du Doubs*, Cabinet du préfet, Bureau de la représentation et de la communication interministérielle de l'État, 23 novembre 2020.

8. Martin Gill, Jane Bryan et Jenna Allen, « Public Perceptions of CCTV in Residential Areas: "It Is Not As Good As We Thought It Would Be." », *International Criminal Justice Review*, 2007, vol. 17, n° 4, p. 304-324.

9. Samuel D. Warren et Louis D. Brandeis, « The Right to Privacy », *Harvard Law Review*, vol. 4, n° 5, 1890, p. 193-220.

10. *Ibid.*, p. 195.

11. Leon Hempel et Eric Töpfer, « The Surveillance Consensus: Reviewing the Politics of CCTV in Three European Countries », *European Journal of Criminology*, 2009, vol. 6, n° 2, p. 157-177.

12. Daren W. Davis et Brian D. Silver, « Civil Liberties vs. Security: Public Opinion in the Context of the Terrorist

Attacks on America », *American Journal of Political Science*, 2004, vol. 48, n° 1, p. 28-46.

13. Marcella Alsan, Luca Braghieri, Sarah Eichmeyer, Minjeong Joyce Kim, Stefanie Stantcheva et David Y. Yang, « Civil Liberties in Times of Crisis », *NBER Working Paper*, n° 27972, octobre 2020, JEL No. D8, I18, P0.

14. Laurent Mucchielli, « De la vidéosurveillance à la vidéoverbalisation : usages réels et fantasmés d'une technologie moderne », *Archives de politique criminelle*, 2016/1, n° 38, p. 249-264.

15. Eric L. Piza, Brandon C. Welsh, David P. Farrington, Amanda Thomas, « CCTV Surveillance for Crime Prevention: A 40-Year Systematic Review with Meta-Analysis », *art. cit.*

16. Ben Bradford, Julia A Yesberg, Jonathan Jackson et Paul Dawson, « Live Facial Recognition: Trust and Legitimacy as Predictors of Public Support for Police Use of New Technology », *The British Journal of Criminology*, vol. 60, n° 6, novembre 2020, p. 1502-1522.

Partie 4
L'État français doit d'urgence se réarmer

1. Publié dans *The Federalist*, 17 janvier 2014.

2. Tom Nichols, *The Death of Expertise. The Campaign Against Established Knowledge and Why It Matters*, Oxford University Press, 2017, 252 p.

3. Jean-François Eliaou et Antoine Savignat, « Rapport d'information sur les problématiques de sécurité associées à la présence sur le territoire de mineurs non accompagnés », 10 mars 2021.

4. Charles Prats, *Le Cartel des fraudes*, Ring, 2020.

5. Sondage CSA pour le compte de la société d'accessoires de bureau Fellowes, réalisé les 29 et 30 août 2012 par téléphone auprès d'un échantillon de 1 050 personnes âgées de 15 ans et plus.

6. Emmanuel Pernot-Leplay, « China's Approach on Data Privacy Law: A Third Way Between the U.S. and the EU? » *Penn State Journal of Law & International Affairs*, 2020, vol. 8, n° 1.

7. « Rapport d'information sur l'évaluation de l'action de l'État dans l'exercice de ses missions régaliennes en Seine-Saint-Denis », présenté par MM. François Cornut-Gentille et Rodrigue Kokouendo, 31 mai 2018.

8. Le 2 mars 2017. Propos rapporté dans l'exposé des motifs des propositions de loi, n° 520 en 2017 et n° 3306 en 2020, relatives à l'instauration d'un récépissé dans le cadre d'un contrôle d'identité.

9. Patrick Grother, Mei Ngan et Kayee Hanaoka, « Face Recognition Vendor Test (FRVT), part 3: Demographic Effects », *NIST*, 2019, 81 p.

10. Yilan Wang et Michal Kosinski, « Deep Neural Networks Are More Accurate Than Humans at Detecting Sexual Orientation From Facial Images », *Journal of Personality and Social Psychology*, 2018 (preprint in 2017).

11. Michal Kosinski, « Facial Recognition Technology Can Expose Political Orientation From Naturalistic Facial Images », *Nature, Scientific Reports*, 2021, n° 11, art. 100.

Conclusion
Un enjeu de liberté

1. Charlemagne, « Privacy in a pandemic », *The Economist*, 23 avril 2020.

Remerciements

À Victoire, pour ses encouragements et le lit vide.
À Céleste, pour ses sourires et ses nuits pleines.

Table

PARTIE 3

De la contestation à l'enrôlement des citoyens

PARTIE 4

L'État français doit d'urgence se réarmer

Composition et mise en pages
Nord Compo à Villeneuve-d'Ascq

CET OUVRAGE
A ÉTÉ ACHEVÉ D'IMPRIMER
SUR ROTO-PAGE
PAR L'IMPRIMERIE FLOCH
À MAYENNE EN MAI 2021

N° d'impression : 98363
Imprimé en France